L'essentiel de l'investissement immobilier

©2021. EDICO
Édition : JDH Éditions

77600 Bussy-Saint-Georges. France
Imprimé par BoD – Books on Demand, Norderstedt, Allemagne

Réalisation et conception couverture : Cynthia Skorupa

ISBN : 978-2-38127-124-8
Dépôt légal : mars 2021

Le Code de la propriété intellectuelle n'autorisant, aux termes de l'article L.122-5.2° et 3°a, d'une part, que les copies ou reproductions strictement réservées à l'usage privé du copiste et non destinées à une utilisation collective, et d'autre part, que les analyses et les courtes citations dans un but d'exemple et d'illustration, toute représentation ou reproduction intégrale ou partielle faite sans le consentement de l'auteur ou ses ayants droit ou ayants cause est illicite (art. L. 122-4).
Cette représentation ou reproduction, par quelque procédé que ce soit constituerait une contrefaçon sanctionnée par les articles L. 335-2 et suivants du Code de la propriété intellectuelle.

Fares Zlitni

L'essentiel de l'investissement immobilier

JDH Éditions
Les Pros de l'Éco

PRÉAMBULE

Vous voulez investir dans l'immobilier ? Ou même avoir de meilleures connaissances du domaine immobilier ? Ce livre est fait pour vous !

En effet, ce livre débute son plan de vol sur les résidences principales, continue son parcours sur les investissements locatifs, pour atterrir sur une zone de défiscalisation. Durant son voyage, nous pourrons distinguer des connaissances immobilières, des conseils et des astuces.

Ce livre peut vous faire économiser beaucoup d'argent en vous évitant de passer par des prestataires de services tels que des agences immobilières.

Étant diplômé dans le domaine de l'immobilier et exerçant en tant qu'agent immobilier, j'ai pu côtoyer et conseiller tous types de clients. Nous avons principalement trois types de clients : ceux qui veulent acheter une résidence principale, ceux qui veulent investir et ceux qui veulent défiscaliser. La plupart du temps, une très grande partie de nos clients voulant investir sont mal informés et sont prêts à payer beaucoup trop cher leurs biens immobiliers. Mon objectif est de les informer de toutes les possibilités et surtout de leur trouver le meilleur bien au meilleur prix, avec leurs critères, bien évidemment. J'ai pu rassembler toutes ces informations dans ce livre. Il est possible que vous puissiez acheter votre bien immobilier sans passer par une agence immobilière. En effet, les commissions d'agences immobilières varient de 3 % à 10 %, à condition que vous maîtrisiez ce domaine. Dans le cas contraire, pour éviter tout risque, vous pouvez faire appel à une agence immobilière.

Connaissant le secteur de ma ville et ses alentours, j'ai pu moi-même investir dans un appartement à 50 % du prix du marché. Oui, c'est le bon chiffre. L'appartement a été acheté à moitié prix, comptant, puis a été loué en moins d'un mois. Un bien est rentable si son taux de rentabilité brute est supérieur à 7 %. Le mien est de plus de 25 %.

Scrutant le marché de ma ville quotidiennement, je m'aperçois qu'il y a énormément de bonnes affaires, il suffit d'avoir l'œil et surtout d'être rapide, car les bonnes affaires se vendent très rapidement.

Étant diplômé en tant que pilote d'avion privé, j'ai pu apprendre le sens de l'organisation. En effet, le monde de l'immobilier demande de l'organisation. Que vous cherchiez des biens sur Internet ou que vous fassiez des visites, n'oubliez jamais de prendre des notes. Chaque information par rapport au bien qui vous intéresse est importante.

Tous ces éléments vous permettront d'estimer votre bien immobilier et, bien entendu, d'entamer des négociations si ce bien vous intéresse.

Au sein de mon premier stage durant mes études immobilières, j'ai eu l'honneur d'avoir un article en mon nom au sein du groupe immobilier où j'exerce. Ce qui m'a permis d'être embauché par la suite. L'efficacité est primordiale dans l'immobilier. Il faut savoir être efficace et éviter de perdre son temps. Je peux vous conseiller de regarder le marché immobilier via les annonces immobilières sur Internet quelque temps par jour pour essayer de comprendre le marché ; vous pouvez aussi effectuer des visites pour essayer de mieux comprendre ce marché, cela ne vous coûte rien.

Constituer un patrimoine immobilier est un très gros privilège, cela vous permet d'avoir un endroit où dormir si un jour, vous ne pouvez plus travailler, cela offre une certaine sécurité ; de plus, cela vous permet d'avoir des revenus mensuels qui peuvent être un complément de salaire, voire votre propre salaire et, bien entendu, cela offre à vos descendants une aide considérable dans leurs revenus.

Avant de trouver de belles affaires, il faut comprendre le monde de l'immobilier, comprendre tous les sens de ce monde-là. Ce livre en est la clef. Il va vous permettre d'avoir plus de connaissances de ce monde et, par la suite, vous permettre de réfléchir à vos besoins, à vos envies, et de dénicher de bonnes affaires.

La patience est aussi une des clefs de l'investissement immobilier. En effet, un achat à crédit met en général 3 mois à partir de la signature du compromis ou de la promesse de vente, contre 2 mois à l'achat comptant. À cela, il faut rajouter le temps des visites et les retards éventuels. La patience vaut de l'or dans ce domaine. La prudence, la connaissance du marché, une connaissance du bâtiment sont conseillées lors d'un investissement immobilier. Évidemment, au plus vous avez de connaissances, au mieux votre investissement sera sécurisé, voire plus rentable.

Sur ces paroles, je vous souhaite une excellente lecture et surtout un bon vol au sein de ce livre.

PREMIÈRE PARTIE :

L'investissement dans une résidence principale

Chapitre 1
Qu'est-ce qu'une résidence principale ?

À la question « qu'est-ce qu'une résidence principale ? », plusieurs réponses peuvent être données. Elles dépendent du point de vue (social, juridique).

En effet, une résidence principale, d'un point de vue social, est un lieu d'habitation quotidien pour toute la famille. Elle permet d'offrir un refuge privé et de participer à l'identité de chacun. D'un point de vue juridique, « votre résidence principale est votre lieu d'habitation au 31 décembre de l'année de perception des revenus[1]. » De plus, c'est là que vous avez vos centres d'intérêt professionnels et matériels. Pour ce qui est d'une location, il faut y vivre au moins 8 mois par an pour qu'elle détienne le statut de résidence principale. Nous pouvons ainsi en déduire une définition : une résidence principale est un logement dans lequel vous vivez la majorité du temps, qui vous permet par ailleurs de vous rendre sur votre lieu de travail habituel et d'y exercer vos fonctions.

---

[1] QR code page suivante

Quand notre logement est reconnu comme résidence principale, cela donne des privilèges, surtout quand nous sommes propriétaires. Dans la majeure partie des cas, ce logement est une première acquisition. Nous allons voir les avantages d'investir dans cette résidence principale.

Chapitre 2
Pourquoi investir dans une résidence principale ?

Devenir propriétaire. La première acquisition en tant que résidence principale est une niche fiscale. En effet, plusieurs avantages fiscaux sont possibles. Quand nous sommes locataires, nous payons un loyer et ce loyer est perdu, il n'entre pas dans notre profit. A contrario, quand nous avons une résidence principale, nous avons dans la majorité des cas un crédit immobilier. Cette mensualité n'est pas perdue, car elle permet de rembourser notre prêt à la banque pour notre résidence principale, celle qui nous appartient. Quand nos mensualités sont terminées, nous n'avons plus de prêt à rembourser. Nous y gagnons quand nous faisons notre première acquisition, surtout quand nous arrivons au terme du remboursement de toutes les mensualités. Nous avons le gain de vivre dans un logement pour lequel nous ne payons plus de loyer. Nous avons seulement une taxe à payer, une fois par an : la taxe foncière. Cette taxe reste très faible par rapport à la valeur du bien.

Autre avantage fiscal : lors de la vente d'un bien immobilier, nous devons payer un impôt sur la plus-value immobilière. En effet, si vous achetez votre bien immobilier à 200 000 €, puis que vous le revendez à 220 000 €, vous faites une plus-value immobilière de 20 000 €. Vous devez payer un impôt sur cette plus-value. La résidence principale nous donne un avantage fiscal très intéressant, car nous sommes exonérés de cette plus-value immobilière. En effet, nous ne payons pas d'impôts sur cette plus-value, grâce à son titre de résidence principale. Attention, cependant : nous ne devons pas mettre cette résidence en location, et donc ne pas avoir signé de contrat de location, car nous passons alors au statut d'investissement locatif et nous ne sommes plus exonérés de cet impôt sur la taxe foncière.

Des aides et subventions sont aussi disponibles pour notre résidence principale. En effet, le prêt à taux zéro (PTZ) peut financer jusqu'à 40 % de notre bien immobilier. Il s'agit d'un prêt accordé par l'État, suivi par une banque conventionnée. C'est un prêt sans aucun taux d'intérêt, qui peut s'étaler sur une vingtaine d'années – au maximum 25 ans. Plafonné à 130 000 €, il ne peut constituer la totalité de notre financement de notre bien immobilier et doit donc être cumulé avec un crédit immobilier classique, mais peut être aussi cumulé avec d'autres aides. Pour avoir droit à ce prêt, il ne faut pas dépasser un montant de revenus maximum. Pour en bénéficier, vous pouvez consulter votre banque. Si vous souhaitez faire une simulation, un simulateur est disponible sur le site des services publics[2].

Nous avons aussi le prêt Action Logement, un crédit avec un taux d'intérêt entre 0 et 1 %. Ce crédit peut être accordé par un organisme collecteur du 1 % logement si votre future résidence principale est un logement sans travaux. Pour en bénéficier, il faut être dans une entreprise du secteur privé (non agricole), qui possède au moins 10 salariés. Un emprunt entre 7 000 € et 25 000 € peut être sollicité, pour un financement allant jusqu'à 30 % du coût global de l'opération. Le tout aura une durée de remboursement limitée à 20 ans[3].

---

[2] QR code : Prêt à taux zéro, 10 janvier 2020
[3] QR code : Prêt action logement

Vous pouvez passer par votre employeur pour connaître votre éligibilité ou visiter le site d'Action logement.

Il existe aussi le prêt d'accession sociale (PAS), destiné aux personnes ayant des revenus modiques. Ce prêt permet d'avoir une aide pour l'achat de sa résidence principale ou pour des travaux. Si vous êtes éligible à ce prêt, il peut couvrir 100 % du bien immobilier. Un sacré avantage ! De plus, nous pouvons le compléter avec un apport, un PTZ, et d'autres aides. La durée de remboursement est comprise entre 5 et 30 ans, avec possibilité de choisir entre un taux fixe et un taux révisable. Pour l'obtenir, il faut se renseigner auprès d'une banque ayant passé une convention avec l'État[4].

---

[4] QR code : Prêt d'accession sociale (PAS), 16 septembre 2019

D'autres aides existent, comme des aides locales (communes, départements, régions) ou des aides de l'employeur ou de la mutuelle.

Autre avantage fiscal très intéressant, pour ceux qui ont un patrimoine important : grâce à la résidence principale, vous disposez d'un abattement de 30 % lors de la déclaration de sa valeur. Vous ne déclarez donc que 70 % de sa valeur aux impôts, pour l'estimation de votre patrimoine, dans le cadre de l'impôt sur la fortune immobilière (IFI).

Nous venons de voir qu'il est très intéressant d'acheter un bien immobilier en tant que résidence principale, surtout quand il s'agit du premier investissement. Il existe plusieurs avantages fiscaux. Néanmoins, il faut bien étudier son achat avant de se lancer. Il semble intéressant sur le long terme d'acheter sa résidence principale. Sur le court terme, par contre, il semble plus intéressant d'investir dans le locatif, car dès que nous achetons notre résidence principale, souvent avec un gros emprunt bancaire, nous utilisons une grande partie de notre taux d'endettement. Ce dernier est de 33 % au maximum dans les établissements bancaires classiques. Nous ne pourrons donc plus faire d'autres prêts tant que le crédit est en cours. Cela peut bloquer d'autres investissements éventuels. Pour une personne qui souhaite acquérir uniquement une résidence principale sur le long terme, cela semble plus logique d'investir dans ce type de biens immobiliers. Pour une autre, qui souhaite avoir plusieurs biens immobiliers avec un revenu modeste, c'est plus intéressant d'investir dans le locatif. Tout dépend des projets, des envies et de la manière dont vous voyez l'avenir. Nous pouvons ajouter tout de même que, quand une banque vous fait confiance, le taux d'endettement maximum de 33 % peut être mis de côté. Cela permet d'obtenir d'autres prêts plus facilement.

En effet, tout dépend de vos projets, de vos envies et de vos moyens. Prenez en compte que la banque peut vous faire confiance si vous avez plusieurs investissements réussis à votre actif, ce qui vous permettra de dépasser votre taux d'endettement initial admis de 33 %.

Conseil : si vous souhaitez investir en ayant un revenu modeste, il est préférable d'être locataire d'une résidence principale et de contracter un crédit pour les prochains investissements locatifs, le but étant de ne pas empiéter énormément sur le taux d'endettement de 33 %.

Chapitre 3
Sur quel critère faisons-nous le choix de la résidence principale ?

Avant d'acheter sa résidence principale, il est primordial de prendre en compte vos besoins actuels. Ceux-ci sont liés à votre situation familiale et personnelle, mais aussi à la perspective de revente de votre bien immobilier au meilleur prix dans le futur.

Il est préférable d'analyser vos besoins. Le premier critère étant qu'il faut répondre à une logique à court terme, ce qui vise à assouvir votre mode de vie et vos exigences actuels. Par exemple, si vous êtes célibataire et que vous sortez souvent, une résidence principale située en centre-ville est préférable, à proximité des bars et autres loisirs. A contrario, si vous avez des enfants et que vous êtes marié, la taille du logement sera importante à vos yeux, avec la proximité des crèches, écoles et transports en commun pour limiter au maximum vos déplacements, car au sein d'un foyer avec enfants, il y a plus de contraintes horaires. Si vous êtes âgé, il peut être difficile pour vous de vous déplacer. La présence d'un ascenseur est primordiale au sein de votre résidence principale. Chaque personne est unique, à vous d'analyser votre situation et vos besoins.

Le deuxième critère à prendre en compte est celui de la revente du bien immobilier. Il est vrai qu'à l'achat du bien, la majorité des personnes ne pense pas à la revente. C'est une erreur, car quelques années après, elles peuvent le regretter.

Vous devez avoir une optique de moyen-long terme. Si le bien est bien placé et n'a pas de travaux à effectuer, il peut être revendu rapidement avec une belle plus-value. Cela peut devenir intéressant pour votre situation, tout dépend de ses caractéristiques. Prenons l'exemple d'un appartement bien placé, avec une copropriété en bonne situation financière et avec des parties communes en bon état. Il peut être vendu plus facilement qu'un autre appartement n'ayant pas ces critères. De plus, si le bien est situé près de toutes les commodités (commerces, écoles, bars, restaurants, transports en commun), il en sera davantage valorisé lors de la revente.

L'ancienneté du bien est importante. En effet, un bien récent aura généralement un ascenseur, une cave ou un parking, contrairement aux biens anciens, où ces équipements peuvent parfois manquer.

Vous pouvez viser, donc, le long terme. En effet, vous pouvez acheter une résidence principale qui ne possède pas de transports en commun à proximité, mais pour laquelle la ville prévoit leur installation dans l'avenir, par exemple. Cela peut être une bonne solution si votre budget n'est pas énorme pour l'acquisition d'un bien qui bénéficiera de tous les avantages. Par contre, faites attention aux informations. Dans ma ville, une gare est promise depuis maintenant plus de 10 ans. Beaucoup d'investisseurs ont placé leur argent pour effectuer une plus-value ensuite, mais jusqu'à aujourd'hui, il n'y a toujours pas de gare. Les informations sont à prendre avec précaution.

Il est préférable d'examiner à la loupe vos besoins actuels et futurs, la revente future de votre bien, ainsi que les qualités intrinsèques du bien immobilier.

Si vous examinez ces trois points, votre investissement sur votre résidence principale peut être un réel succès ; prenez le temps avant d'acheter. La patience est la clef. Si vous vous précipitez, vous pouvez oublier quelques éléments[5].

---

5 QR code : Les critères pour acheter sa résidence principale

Conseil : pour avoir une idée générale du marché, vous pouvez consulter le site « Meilleurs agents » et y mettre le nom de votre ville. Ce site vous donnera un prix moyen au m² pour les maisons et appartements, ça vous donnera une idée globale du marché.

Chapitre 4
Location d'une partie de la résidence principale

La location d'une partie de sa résidence principale peut permettre d'avoir de la liquidité, d'avoir des fonds pour effectuer des travaux ou même permettre de rembourser les charges de copropriété de sa résidence principale. Pour pouvoir louer une partie de sa résidence principale, il faut toutefois respecter certains critères, décrits ci-dessous.

Les pouvoirs publics ont attaché une fiscalité spéciale à ce type de location. Une exonération totale d'impôts peut être possible dans certains cas, soumettant le propriétaire à plusieurs obligations.

La première obligation : être propriétaire de sa résidence principale et y vivre au moins 8 mois par an, sauf obligation professionnelle, raison de santé ou cas de force majeure. Si vous êtes souvent en déplacement professionnel, donc, ce n'est pas grave, ce bien est quand même réputé comme étant votre résidence principale.

La deuxième obligation est de louer à un locataire au titre de résidence principale. En effet, votre locataire doit habiter cette location au titre de résidence principale et y vivre plus de 8 mois par an. La signature du bail se fait via un bail meublé classique, d'un an minimum — ou de neuf mois si vous louez à un étudiant. Nouveau bail très récent : le bail mobilité. Il est aussi valable pour ce type de cas.

La troisième obligation étant de louer des pièces répondant aux critères de décence, les lieux mis en location doivent respecter les conditions de décence imposées par la loi. Ils sont énumérés de suite :

- avoir une surface habitable minimum de 9 m² avec une hauteur sous plafond au moins égale à 2,20 m, ou un volume habitable au moins égal à 20 m³ ;

- concernant le confort du locataire, il faut une installation permettant de chauffer tout le logement, une installation d'alimentation en eau potable, un système d'évacuation des eaux usées, une cuisine (ou un coin cuisine) aménagée, une installation sanitaire et un éclairage suffisant d'au moins une fenêtre ouvrant à l'air libre ;

- sur la sécurité physique du locataire, le logement doit bénéficier d'un toit solide et étanche et de fenêtres et portes en bon état, également étanches. L'installation de gaz, d'électricité, ainsi que les équipements de chauffage et de production d'eau chaude doivent être en bon état d'usage et sécurisés ;

- la santé du locataire est obligatoire ; en effet, l'état de conservation des matériaux de construction doit être correct afin, le cas échéant, de ne pas mettre en danger la santé du locataire ;

- sur la performance énergétique, depuis 2018, votre logement doit présenter une étanchéité suffisante à l'air, afin d'éviter les déperditions d'énergie. Le logement doit aussi être doté d'une aération correcte.

Avis : les éléments ci-dessus peuvent être présents sur les diagnostics techniques obligatoires pour une location.

La quatrième obligation inclut de meubler convenablement la ou les pièce(s) louée(s). Si vous louez seulement une pièce, vous n'êtes pas obligé d'avoir tous les équipements nécessaires à un bail meublé, mais il faut qu'il y ait accès. Ainsi, en plus des meubles de sa chambre, avec un lit, un bureau, une chaise et une armoire, vous devez laisser au locataire libre accès à une salle d'eau, à une cuisine et des toilettes. Bien entendu, qui peut le moins peut le plus : il est possible de donner accès à Internet, à une machine à laver, au lave-linge, etc.

La cinquième obligation est de respecter la durée du bail. Si vous ne pouvez plus supporter votre locataire, vous ne pouvez pas le mettre dehors, ainsi il faut respecter la durée du bail pour y mettre fin.

En tant que propriétaire, vous avez des obligations, mais aussi des droits.

Votre premier droit est la demande de dépôt de garantie. Si vous signez un bail meublé classique, un dépôt de garantie peut être demandé au locataire. Son montant résulte d'un mois de loyer hors charges, de façon classique.

Votre deuxième droit est la récupération d'une partie des charges. Celle-ci doit être précisée sur le bail, tout comme le dépôt de garantie. Une indication de révision de loyer avec son mode de révision doit être précisée sur le bail. Pour les charges, vous pouvez estimer la part du locataire et lui proposer un forfait. En premier lieu, il faut déterminer vos charges globales récupérables auprès du locataire et pondérer en fonction de divers critères : par exemple le nombre de personnes habitant le logement. Si vous êtes 4 et le locataire seul, intégrez dans le forfait charges 1/5 de la facture d'eau, par exemple. En tout état de cause, il n'existe pas de règle édictée en la matière.

Vos revenus locatifs dus à la résidence principale peuvent être exonérés d'impôt sous 3 conditions :

- quand vous louez ou sous-louez une pièce de votre résidence principale, les pièces louées constituent la résidence principale du ou des locataires (ou sa résidence temporaire s'il justifie d'un contrat de travail saisonnier) ;

- le prix de la location est fixé dans des limites raisonnables ;

- les plafonds de loyer ne doivent pas être dépassés.

L'administration fiscale publie deux plafonds selon les régions, réévalués chaque année. En 2020, selon le bulletin du 5 février, en Île-de-France, c'est, par an, 190 €/m^2. Par exemple, pour une chambre meublée à Paris de 25 m^2, un étudiant dans votre résidence principale devrait payer comme loyer mensuel, hors charges, au maximum (190x25)/12 = 395 €, soit un maximum de 395 €. Si le loyer dépasse ce plafond, les montants encaissés doivent être déclarés et relèvent de la catégorie des bénéfices industriels et commerciaux (BIC)[6].

---

[6] Voir QR code page suivante : Location d'une partie de la résidence principale : les seuils d'exonération d'impôt en 2020.

Ne jamais oublier que pour réaliser une location, il existe des éléments indispensables, comme les diagnostics immobiliers. Vous devez avoir en votre possession les 7 diagnostics immobiliers constituant le dossier de diagnostic technique (DDT).

Enfin, sur l'assurance habitation : lors d'une location dans une résidence principale, votre locataire n'est pas obligé de souscrire à une assurance habitation, mais il faut que vous vous assuriez auprès de votre compagnie que les dégâts éventuels causés par votre locataire sont bien couverts par votre assurance habitation. Si c'est le cas, vous pouvez demander une extension de contrat d'assurance d'habitation dont vous pourrez répercuter le coût sur le montant du loyer de votre locataire.

Conseil : en plus d'être exonéré de plus-value lors de la revente, louer une partie de la résidence principale donne un revenu. Cela peut être un très bon investissement, car ces revenus peuvent vous faire gagner une marge sur le taux d'endettement.

# DEUXIÈME PARTIE :

L'investissement locatif

Chapitre 1
Qu'est-ce que l'investissement locatif ?

L'investissement locatif, comme l'indique son titre, consiste à acheter un bien immobilier (appartement, maison, parking, cave, local commercial ou encore immeuble avec plusieurs lots) destiné à être loué à un tiers. Le bien peut relever de l'ancien comme du neuf, avec la présence d'un locataire ou bien encore vide à l'achat. En grande majorité, les investissements locatifs se font via un crédit bancaire. Les loyers permettent de rembourser une partie du crédit ou la totalité du crédit. Rembourser la totalité du crédit permet de dégager du bénéfice (dit *cash-flow*) pour un très bon investissement.

De plus, lors de la revente, il peut y avoir une plus-value, ce qui est bénéfique, car vous gagnez de l'argent par rapport à l'achat.

Il existe un calcul de rentabilité pour connaître celle d'un investissement. Pour la calculer avant un investissement locatif, il faut retenir qu'il en existe trois :

- la rentabilité brute ;

- la rentabilité nette ;
- la rentabilité nette nette (après impôts).

Le calcul de rentabilité permet de révéler si cet investissement est rentable.

Nous allons nous concentrer sur deux types d'investissement : un bien en copropriété et l'autre, qui ne l'est pas. En effet, pour un bien qui n'est pas en copropriété, vous n'avez pas de charges collectives, alors qu'en copropriété, un propriétaire doit participer aux charges, tout comme le locataire. Le propriétaire peut aussi participer à la gestion de sa copropriété.

Il existe un autre moyen d'investir dans le locatif, via une société foncière, que ce soit une SCI (société civile immobilière) ou une SAS (société par actions simplifiée), soumise à l'impôt sur les sociétés (IS). Les sociétés dites foncières permettent d'avoir des avantages fiscaux et une protection du patrimoine personnel.

Le régime fiscal pour de la location dépend de plusieurs critères, dont celui dit de location vide (appelée aussi nue) ou meublée. Pour de la location vide, les revenus seront fonciers. Pour un meublé, il s'agira d'un régime sur les bénéfices industriels et commerciaux (BIC). Le choix des différents régimes se fait en partie par le revenu que nous procure la location.

Nous pouvons aussi bénéficier d'avantages fiscaux par de la défiscalisation sur du neuf ou de l'ancien.

À noter que cet investissement locatif peut se faire par l'achat direct de bien immobilier neuf ou ancien, ou encore par l'achat de parts de société civile de placement immobilier (SCPI).

Remarque : un investissement immobilier est considéré comme rentable si le taux de rentabilité brut est supérieur à 7 %.

Chapitre 2
Pourquoi faire un investissement locatif ?

L'immobilier locatif est un investissement actif ouvert à tous.

Intervenir sur le marché financier nécessite des connaissances précises. L'investissement immobilier est plus simple du point de vue technique. Nous pouvons investir seuls et même apprendre à gérer le bien immobilier nous-mêmes.

Un autre avantage réside dans la possibilité que l'investissement immobilier puisse se faire à crédit. Un investissement immobilier peut également se faire financer à 110 %. Cela signifie que l'apport n'est pas demandé et que les frais de notaires sont compris dans le prêt. Cela reste un placement sous crédit très attractif. L'épargne reste donc envisageable, étant donné la possibilité du prêt immobilier.

Autre avantage non négligeable : si l'un des souscripteurs du prêt immobilier a pris une assurance décès invalidité, en cas de décès, la deuxième personne ayant souscrit le crédit n'a plus que sa part à payer. Pour préciser, si la personne qui est décédée a souscrit 100 % du prêt, alors il n'y a plus de prêt à rembourser pour son conjoint. Cela participe à la sécurisation du patrimoine en cas de décès.

Des avantages fiscaux peuvent être possibles en cas d'investissement en locatif. Cela dépend du type de biens que vous achetez. Si vous investissez dans du neuf, de l'ancien, une résidence avec services, un monument historique ou d'autres encore, vous pouvez avoir des avantages fiscaux. C'est un moyen de défiscalisation, sous réserve de respecter des conditions du dispositif en question. Ainsi, avec le temps, vous pouvez amortir le prix d'achat du bien locatif.

Aussi, les loyers perçus peuvent financer le crédit bancaire. En effet, si vous faites un bon investissement immobilier, le loyer peut financer 100 % du crédit bancaire. Bien sûr, il faut prendre en compte les vacances locatives (aucun locataire dans le bien immobilier), mais le crédit peut quand même se faire financer pour une grande partie par la perception du loyer perçu.

L'investissement locatif permet peut-être d'avoir une bonne rentabilité. Si la rentabilité est supérieure à 7 %, le bien est considéré comme rentable. De plus, la revente du bien peut faire l'objet d'une plus-value, ce qui peut être aussi intéressant. Cette rentabilité peut devenir plus intéressante qu'un actif financier, tout en étant plus sécurisante.

L'investissement dans la pierre en location est assez peu risqué. C'est l'un des investissements les plus sûrs du marché, comparativement à l'offre purement financière. Si des cycles existent tout de même dans ce domaine, les courbes sont moins volatiles et les à-coups moins violents. Le bien détient toujours une valeur minimale, car c'est un actif tangible qui existe physiquement. Il existe aussi des assurances de type loyers impayés, qui permettent de se protéger si le locataire fait défaut. Leur coût est moindre et cela permet de sécuriser le revenu foncier.

Nota bene : il existe des emprunts bancaires dits à 110 %. En effet, la banque couvre tous les frais de l'investissement immobilier.

Cet investissement permet d'avoir un contrôle total. Bien entendu, un logement peut être géré par vous-même. Vous avez le choix de prendre toutes les décisions possibles, mais si vous le souhaitez, vous pouvez vous faire accompagner par des professionnels du domaine.

Le logement peut aussi être utilisé pour sa propre famille ou pour soi. Certains dispositifs fiscaux demeurent valides sous ce type de location, comme la loi Pinel. Cela peut être avantageux pour vous si vous avez un enfant étudiant dans les premières années de détention du bien. De plus, les loyers peuvent rembourser une grande partie du crédit. Par la suite, ce logement pourrait devenir votre résidence secondaire.

Quand les crédits sont remboursés, les loyers constituent un revenu régulier qui peut être appréciable. Cela permet en effet de préparer votre retraite et de maintenir un bon niveau de vie. Sinon, il est toujours possible de vendre ce bien pour reconstituer un capital et l'utiliser comme vous le souhaitez.

Autrement, la transmission du patrimoine est très simple quand il s'agit de biens immobiliers. Certaines stratégies peuvent être adoptées, comme la création d'une SCI. Cela permet un transfert de patrimoine immobilier plus simple pour les proches, sans oublier ses avantages fiscaux.

Enfin, vous pouvez investir dans plusieurs marchés, pour diversifier vos actifs. Vous pouvez choisir des *valeurs sûres* en investissant en hypercentre de grandes métropoles. Cela vous garantira un rendement sans prendre trop de risques. Sinon, vous pouvez investir dans des villes d'avenir en ayant un meilleur rendement, mais avec plus de risques.

Aujourd'hui, les taux d'emprunt sont très avantageux : ils ont atteint un niveau historiquement bas. La concurrence fait rage entre les établissements bancaires. En 2020, vous obtiendrez sans peine un taux moyen de 1,19 % sur 15 ans, de

1,39 % sur 20 ans ou de 1,64 % sur 25 ans. À titre de comparaison, emprunter aujourd'hui coûte 30 % moins cher qu'en 2011.

Contre toute attente, ces taux sont toujours aussi bas depuis 2015. Si ce n'est pas le seul critère à prendre en compte pour se lancer dans un investissement locatif en France, cela représente un sérieux gage de rentabilité pour son investissement.

Remarque : si vous faites appel à une agence qui effectue de la gestion locative, les frais sont en général de 7 % des loyers perçus. Suivant le mandat, cela peut être de 3 % à 10 % TTC de vos revenus locatifs.

Chapitre 3
L'investissement locatif dans un bien en copropriété

«Dans le cadre de la copropriété, le terme "copropriétaire" désigne chaque propriétaire d'un lot, composé d'une partie privative et d'une quote-part de partie commune. L'ensemble des copropriétaires forme le syndicat de copropriété. Ce syndicat est représenté par un syndic, bénévole ou professionnel[7].»

Dans la copropriété, la loi fixe des règles obligatoires pour l'utilisation et la gestion des immeubles soumis au régime juridique de la copropriété. Ces règles sont rassemblées dans le règlement de copropriété qui contient à la fois des informations sur l'immeuble en général et sur

---

[7] QR code : Lexique « copropriétaire ».

l'usage prévu des parties privatives de votre lot. Vous devez donc le respecter.

Le syndicat de copropriétaires est la collectivité formée par l'ensemble des propriétaires d'un même immeuble.

Une société a la même capacité juridique que ce syndicat. En effet, chaque année, se déroule une réunion qui se nomme l'assemblée générale des copropriétaires. Elle permet de se prononcer sur les comptes de l'année passée, sur le quitus à donner au syndic, sur le budget prévisionnel de l'année future (le montant de la provision trimestrielle de charges à payer par chacun), sur la provision pour fonds de travaux (sauf pour les immeubles ayant moins de 10 lots et qui sont neufs), sur le fait de reconduire le syndic dans ses fonctions ou d'en choisir un autre, d'élire les membres du conseil syndical, de fixer le seuil de consultation du conseil syndical et de mise en concurrence des entreprises, de voter les travaux nécessaires à l'entretien des parties communes, etc.

La prise de décision est fixée par la majorité des voix, voire à l'unanimité pour les décisions les plus cruciales.

Deux organes sont présents pour mettre en œuvre les décisions de l'assemblée générale : le syndic, qui peut être bénévole ou professionnel, et un conseil syndical qui est composé de copropriétaires élus. Le respect des règles et la modification du règlement de copropriété sont gérés par le syndicat des copropriétaires. Si vous souhaitez modifier un lot, le règlement de copropriété va devoir être modifié par un acte notarié. Le notaire peut vous indiquer la marche à suivre, en fonction de la législation en vigueur.

Si vous avez une demande de changement concernant les parties communes ou qui a un impact sur les parties communes, il faudra faire une demande d'autorisation au syndic pour qu'il l'inscrive à l'ordre du jour de l'assemblée générale. Cela sera soumis au vote. Prenez en compte qu'en général, s'il n'y a qu'une seule assemblée générale par an, on peut en convoquer d'autres en cas d'urgence. Si le vote *pour* a été saisi à l'assemblée, vous pouvez effectuer les travaux.

D'autres sollicitations, comme la vision d'un lot, doivent être faites par acte notarial et demandent l'intervention d'un géomètre. N'hésitez donc pas à demander à votre notaire le coût que cela peut engendrer avant de commencer les travaux.

Quand il n'y a pas de syndic au sein de l'immeuble, la loi du 6 août 2015 permet à n'importe quel propriétaire de convoquer une assemblée générale afin de nommer un nouveau syndic. Avant 2015, il fallait avoir recours à la justice ; à présent, ce système est simplifié.

Avant l'achat d'un bien en copropriété, il faut vérifier certains éléments de la copropriété pour anticiper les dépenses à venir. Cela permet de se projeter sur le coût annuel.

Premièrement, les charges courantes. Les charges courantes de copropriété englobent toutes les dépenses liées à l'entretien et à l'administration de la copropriété. Un budget prévisionnel est défini pour l'année à venir. Grâce au vendeur, vous pouvez obtenir les échéanciers des appels de fonds afin de vous prévenir de ces dépenses. Pour pouvoir visualiser l'évolution de ces dépenses, veillez à les demander au syndic, ainsi que les procès-verbaux des 3 dernières années.

Deuxièmement, les frais spéciaux liés à la copropriété. Ce sont les grosses dépenses de la copropriété : rénovation de l'immeuble, mise aux normes de l'ascenseur, ravalement de façade, etc. Ces travaux sont votés lors des assemblées générales. En général, ces travaux se prévoient dans les 3 années qui viennent. Ils sont discutés lors des assemblées générales. Avant de signer l'achat d'un bien en copropriété, vérifiez bien les gros travaux en cours ou à venir. En effet, cela peut alourdir les charges de copropriété et cela peut constituer pour vous un atout de négociation lors de l'achat du bien. Point important avant l'achat du bien en copropriété : veillez à inspecter les parties communes, l'état des sols, des escaliers et de l'ascenseur, le cas échéant. Cela vous permettra d'anticiper d'éventuels travaux d'envergure.

Troisièmement, la trésorerie de la copropriété. Il est primordial d'analyser la situation financière de la copropriété. Vous pouvez vérifier si les copropriétaires payent bien les charges trimestrielles, par exemple. Petite astuce : si les impayés représentent plus de 20 % du budget annuel, on pourra en déduire que la copropriété est fragilisée et peut rencontrer des problèmes à assumer les dépenses des prochaines années. Ces impayés peuvent annuler certains travaux votés lors de l'assemblée générale, par manque de moyens. N'hésitez pas à demander au syndic les derniers comptes rendus d'assemblées générales. Plus il y a d'impayés, plus des procédures vont être commencées, ce qui peut alourdir les charges de la copropriété.

Conseil : pour faire diminuer vos charges de copropriété, vous pouvez économiser sur le chauffage, opter pour une meilleure isolation, avoir un meilleur contrat énergie, installer des compteurs individuels pour l'eau froide, etc.

Chapitre 4
Investissement locatif dans un bien non soumis à la copropriété

La forme d'habitat préférée de 75 % de la population française reste la maison, que ce soit en location ou en propriété. En effet, la demande locative pour ce type de biens est toujours élevée, tant pour son confort que pour l'éventuelle attractivité du loyer. Une meilleure rentabilité sera de mise avec le propriétaire. Une maison aura beaucoup plus de chances de se louer qu'un appartement. Cela donne l'avantage à un investissement locatif sur une maison individuelle. On gagne en général de la stabilité et une plus faible rotation locative. En moyenne, dans une maison, les locataires restent 80 mois ; a contrario, dans un appartement, ils restent 30 mois. En découle une plus grande sérénité dans la perception du loyer et dans les rapports locatifs.

En général, les foyers de ces maisons sont constitués de familles. Par souci de sécurité, ces dernières sont plus vigilantes sur le paiement des loyers, ce qui minimise le risque d'impayés. Autre avantage d'une maison : le prix du m². Le prix du m² d'une maison est inférieur à celui d'un appartement neuf de même superficie. De plus, un gros avantage réside dans le fait qu'il n'y a pas de charges de copropriété pour une maison individuelle (hors lotissements ou villages), ce qui permet au propriétaire de faire des économies.

A contrario, les frais d'entretien sont à assumer. Vous n'êtes pas sans savoir que tout n'est pas à la charge du locataire. Pour faire simple, le locataire se charge de l'entretien courant. Les gros travaux (toiture, équipements de chauffage et de production d'eau chaude...) sont payés par le propriétaire. Sachez qu'ils sont plus lourds à supporter dans une maison. D'autant que vous êtes seul. Vous ne partagerez pas certains frais avec les copropriétaires de l'immeuble !

Dans la grande majorité des cas, le locataire a tendance à *s'approprier* le bien. Il l'entretient au mieux, ce qui permet de réduire les charges pour le propriétaire.

En métropole, les loyers moyens pour une maison d'une centaine de m² varient de 1 000 € à 1 500 € par mois, selon le quartier. Dans des villes moyennes, le loyer tourne aux alentours de 800 € par mois pour la même superficie.

Pour ce qui est de l'investissement locatif, cela reste la même règle. Plus le risque est élevé, plus le rendement grimpe. La maison étant un investissement très sûr, elle affiche une rentabilité locative brute plus faible de quelques points par rapport à un appartement. Selon l'adresse, elle varie en général de 3 % à 5 %.

Le rendement locatif brut se calcule en divisant le loyer annuel par le prix du logement et en multipliant le résultat par 100. Avec les frais et charges, vous obtenez la rentabilité nette de charges. En prenant en compte la fiscalité, vous calculez la rentabilité nette. Prenons quelques exemples.

Une maison de 135 m² à Antony (92), au prix de 450 000 €, affiche un loyer mensuel de 1 800 € et une rentabilité brute de 4,80 %.

Une maison de 100 m² à Toulouse, d'une valeur de 295 000 €, aura un loyer de 1 150 € mensuel et une rentabilité brute de 4,67 %.

Une maison de 100 m² à Lille, qui coûterait 290 000 €, sera louée 1 000 €, avec une rentabilité brute de 4,67 %.

Les risques de décote avec une maison sont limités sur le long terme, d'après l'indice de révision des loyers (IRL) qui paraît chaque trimestre sur le site Internet *Particulier à particulier* (PAP). Sur une base de 1 000 établie au 1er janvier 2001, les maisons atteignent 1 700 au 1er juin 2013. Et surtout, en douze ans, la valeur des maisons a augmenté de plus de 70 % selon l'indice de révision des loyers édité par le service public[8].

Bien entendu, pour espérer une valorisation du bien, les maisons doivent être situées à proximité des services, des transports, des commerces et surtout des écoles. Une règle simple en immobilier pour assurer son investissement reste l'emplacement du bien immobilier.

Question importante qu'on peut se poser : faut-il louer sa maison vide ou meublée ? Ce qui arrive le plus souvent, c'est que les maisons soient louées par des familles qui vont y rester quelque temps, donc qu'elles apportent leurs propres meubles. Il n'y a pas besoin d'équiper la maison. Prenons la précaution de louer la maison dans un bon état, ce qui va permettre au locataire d'y faire plus attention et de mieux l'entretenir. La location meublée peut être envisagée si vous souhaitez louer la maison sur une courte durée (pour des cadres mutés ou des fonctionnaires internationaux, par exemple ; ou même en Airbnb).

---

[8] Voir QR code

Ainsi, la location meublée peut être intéressante pour de la location sur une courte durée. En location meublée, le loyer peut être supérieur de 10 % à 30 %, un élément à prendre en compte pour votre investissement. Si vous louez meublé, quelques meubles ne suffisent pas. En effet, aucun équipement ne doit être oublié, pour que les locataires n'aient à apporter que leurs affaires personnelles. Il faut en général y installer de l'électroménager, la literie, des armoires, voire de la vaisselle. Par conséquent, le budget est plus important que pour meubler un studio ou un deux-pièces.

Il faut faire attention aux maisons, car il existe aussi des maisons liées à une copropriété, ce qui peut être désigné comme une copropriété horizontale. En général, les charges de copropriété sont faibles pour ces cas-là, mais c'est un budget à prendre en compte. En majorité des cas, ces maisons font partie d'un lotissement. Dans certains cas, la mairie peut prendre en charge une partie des frais de cette copropriété, pour l'entretien général.

Bien entendu, la rentabilité brute énoncée ci-dessus est une généralité. Si vous tombez sur une très bonne affaire, vous pouvez avoir des taux de rentabilité brute supérieurs à 7 %, voire 15 % dans certains lieux en France. Les investisseurs souhaitent un taux de rentabilité supérieur à 7 % pour leur bien, pour que cela soit considéré comme un investissement rentable.

Nota bene : une maison peut être divisée en plusieurs appartements, ce qui revient à nommer ce bien comme maison de rapport. Cette division peut avoir comme but d'avoir plusieurs loyers ce qui peut augmenter la rentabilité du bien.

Chapitre 5
Plan de financement de l'acquisition

Le plan de financement de l'acquisition consiste à comparer l'ensemble des dépenses générées par le projet immobilier et l'ensemble des ressources dont vous disposez. Cette vision permet d'établir le montant exact que vous devrez emprunter à la banque. Un atout positif : ce plan permet de voir si votre projet est réalisable ou s'il faudrait faire quelques ajustements.

Les plans de financement sont la base d'un prêt immobilier. En effet, à chaque crédit contracté, la banque va réaliser ce plan de financement. Pour convaincre votre banquier et faire une simulation de votre achat, vous pouvez bien entendu réaliser à l'avance ce plan de financement. Cela se fait par analyse de votre situation financière. Cela permet d'en déduire votre capacité financière. Cela permettra d'avoir une vision plus claire sur la somme à emprunter.

En premier lieu, il faut connaître le montant des dépenses à envisager. Il faut comptabiliser le prix d'achat du bien, le coût de l'emprunt, les frais de notaires, le coût de l'assurance lié à votre emprunt et les prix des travaux à engager, s'il y en a à prévoir. Dans le plan de financement à l'acquisition, nous devons intégrer toutes les dépenses. Cela permettra d'estimer les coûts de l'acquisition.

Le prix d'achat est bien évidemment le premier coût, souvent le principal. Les frais d'agences peuvent aussi être conséquents, s'il y en a, bien évidemment. Cela correspond à la commission réservée à l'agence immobilière. Elle est estimée en pourcentage et s'élève en général à 4 % à 8 % du prix final de la transaction. Il faut aussi tenir compte des frais de dossier : lors d'une demande de prêt immobilier, la banque doit monter un dossier en analysant votre situation. C'est un service payant. Par contre, si vous passez par un courtier, les frais de dossiers de la banque peuvent être exonérés. Cela dépend des banques. Si vous passez par un courtier, vous pouvez gagner du temps et de l'argent sur le long terme. En effet, il va vous négocier les meilleurs taux et les meilleurs prêts bancaires. De plus, passer par un courtier augmente votre pourcentage de chances de voir votre prêt accordé. Son travail est de démarcher toutes les banques, en ayant les meilleurs taux de crédit et les meilleurs services. Passer par un courtier a un coût, bien entendu, et cela se nomme « frais de courtage ». Aussi, les frais de garantie sont à prendre en compte. Étant obligatoires, ces garanties protègent la banque lorsque vous présentez un défaut de paiement. Il en existe plusieurs, dont : l'hypothèque, l'inscription en privilège du prêteur de deniers (IPPD), le nantissement, le cautionnement, etc. Chaque garantie a un coût différent, à prendre en compte dans votre plan de financement à l'acquisition. Les frais de notaires sont aussi à prendre en compte. Ils sont en général de 8 % et sont composés d'impôts et de taxes qui font la grande majorité de ces frais. S'y trouvent également les honoraires et débours, ce sont les rémunérations des intermédiaires, puis les émoluments du notaire, c'est-à-dire sa propre rémunération. Le coût des travaux et les charges de copropriété sont aussi à considérer. En effet, si vous avez des travaux à faire au sein du bien immobilier, il faut les inclure au plan de financement à l'acquisition. N'hésitez surtout pas à faire faire des devis par des artisans, lors des visites avant l'achat du bien, ce qui vous permettra de vous projeter sur les dépenses. Si vous avez opté pour l'achat d'un bien en copropriété, il faut prendre en compte les frais de la copropriété. Il peut y avoir de gros frais, comme la rénovation de la façade.

Nous venons de voir les dépenses ; mais les revenus sont très importants aussi. Cela vous permettra de voir quel montant il faudra emprunter à la banque, et si cela est réalisable, ou non. Si vous avez un CDI, vos revenus sont retenus à 100 %. Si vous êtes indépendant, chef d'entreprise ou intermittent et que vous pouvez justifier de 3 ans voire de 5 ans vos salaires réguliers, vos revenus seront aussi pris en compte à 100 %. De même pour la retraite, elle est prise en compte à 100 %. Par contre, il existe une limite d'âge d'emprunt, retenez ce facteur. Pour les personnes en période d'essai, les intérimaires, ceux en CDD ou les stagiaires, les revenus ne sont pas du tout pris en compte. Pour ce qui est des revenus locatifs, 70 % à 80 % sont comptabilisés, ce qui permet de tenir compte des vacances locatives. Le plan de financement est composé aussi de vos ressources hors revenus. Celles-ci peuvent être de plusieurs ordres. L'un des premiers ordres est celui de l'apport personnel, en fonction du montant de votre épargne, destiné à financer une partie de votre achat. Il existe des sommes assimilables à un apport personnel, tel qu'un prêt familial, un prêt Action logement, un prêt bonifié (si vous êtes fonctionnaire), ou encore un déblocage de votre épargne salariale. Enfin, le prêt d'un ou de plusieurs établissements financiers sera aussi à prendre en compte. L'apport personnel peut être une épargne construite depuis des années, un héritage, une prime professionnelle, un don familial, un compte épargne logement (CEL), un plan épargne logement (PEL), une épargne salariale... Si votre dossier est fragile, plus votre apport est important, plus le dossier a de chances de passer.

Pour atteindre le montant destiné à financer votre projet, si vous n'achetez pas comptant, il vous faudra un prêt immobilier. Votre plan de financement permettra de définir celui-ci. Pour des personnes ayant déjà un bien immobilier, la revente de celui-ci peut également financer la totalité ou une partie du projet. Il existe aussi des prêts relais qui vous laissent 2 ans pour vendre votre futur ancien bien immobilier et qui permettent de financer rapidement votre nouveau bien immobilier. Il existe notamment des prêts aidés financés par l'État. Généralement, ce sont des prêts à taux très bas, ce qui est censé vous permettre d'accéder plus facilement à la propriété. Cela pourrait augmenter votre apport pour votre prêt immobilier. Par contre, il faut faire attention, car certains prêts ne sont pas cumulables. Pour avoir plus d'informations, il faut se renseigner auprès de votre conseiller bancaire ou de votre courtier.

Une fois que vous avez reporté toutes les dépenses et ressources, vous pouvez évaluer le montant de votre prêt immobilier. Vous pouvez, grâce à des simulateurs, calculer le montant du prêt et la durée. Il faut tenir compte de multiples facteurs, comme le taux d'effort, que nous allons évoquer dans le prochain chapitre. Le montant du prêt peut varier en fonction de sa durée, du montant des mensualités, etc.

En fonction de votre taux d'endettement, vous allez pouvoir choisir les paramètres de votre prêt bancaire. Voici l'exemple d'un plan de financement immobilier, pour l'acquisition d'un bien estimé à 100 000 €. Supposons qu'il y ait des coûts supplémentaires liés à l'acte d'acquisition, d'une part, et au prêt immobilier, d'autre part. Estimons les frais notariés liés à la vente immobilière : 7 700 €. Supposons également qu'il y ait des frais d'agence estimés à 5 000 €. Imaginons des frais pour travaux de rénovation à hauteur de 10 300 €.

Hormis le prêt immobilier qui ne peut porter que sur la valeur de l'immeuble à acquérir, l'emprunteur devra donc se munir de 23 000 € pour supporter les autres coûts énumérés ci-dessus. Ainsi, dans le plan de financement, l'emprunteur fera figurer dans la colonne *Ressources* le montant du prêt, soit 100 000 €, ainsi que son apport personnel de 23 000 € pour faire face aux charges diverses. Le total des charges est égal au total des ressources, soit 123 000 € [9].

---

[9] QR code : Calculateur de crédit immobilier

Coûts	Montant	Revenus	Montant
Prix d'achat	100 000 €	À emprunter	100 000 €
Frais de notaires	7 700 €	Apport personnel	23 000 €
Frais d'agence	5 000 €		
Travaux	10 300 €		
Total	123 000 €		123 000 €

Par la suite, nous pouvons simuler notre emprunt bancaire selon les périodes de remboursement, le taux du crédit, les mensualités, puis le coût du crédit. Prenons en compte que ces taux du crédit datent de la période de septembre 2020 et qu'ils peuvent évoluer.

Durée de l'emprunt	Taux du crédit	Mensualités	Coût du crédit
15 ans	1,1 %	631 €	13 622 €
20 ans	1,31 %	502 €	20 526 €
25 ans	1,62 %	434 €	30 180 €

Dès lors que vous avez en tête ces différents éléments, vous pouvez réfléchir aux meilleures conditions d'emprunt, puis vous pouvez vous poser les questions suivantes : souhaitez-vous rembourser votre crédit au plus vite ? Voulez-vous garder un niveau de vie confortable en diminuant les mensualités ? Voulez-vous faire un investissement locatif dans quelques années, auquel cas vous souhaiteriez garder de la marge pour un second emprunt ? Il existe une multitude de questions, et toute réponse dépend de votre projet.

Pour terminer ce chapitre, nous pouvons évoquer le coût des intérêts. En effet, le coût des intérêts est en fonction du taux de votre prêt immobilier. Les mensualités permettent de rembourser une partie du prêt, dont les intérêts d'emprunt. Nous avons aussi les coûts d'assurance. Ils ne sont pas à intégrer dans votre plan de financement à l'acquisition. Ces coûts peuvent être très variables, tout dépend de l'assurance pour laquelle vous optez. Cela peut dépendre aussi de votre état de santé. En ayant le plan de financement de l'acquisition en tête, vous pouvez contracter un prêt bancaire. Mais cela dépend de votre taux d'effort[10].

---

[10]   QR code : Plan de financement immobilier : définition et exemple

Conseil : lors d'un investissement immobilier, il est préférable de passer par un courtier pour payer le moins d'intérêts possible. Au premier abord, ce service peut représenter un coût important, mais sur le long terme vous en sortirez plutôt gagnant.

Chapitre 6
Taux d'effort et taux d'endettement

« Dans le cadre d'un crédit, le taux d'effort indique la partie maximale de ses revenus qu'un emprunteur peut consacrer au remboursement de son prêt. À titre indicatif, la capacité de remboursement doit idéalement être située entre 25 % et 30 % des revenus nets de l'emprunteur, sans jamais excéder 33 %.

En matière de logement, le taux d'effort représente le rapport entre le montant total du loyer et le montant total des ressources du locataire. Ce calcul permet de connaître le poids de la dépense en logement sur le budget d'un ménage[11]. »

---

[11] QR code : Taux d'effort, définition

Le terme du *reste à vivre* est important à prendre en compte. En effet, le reste à vivre est un indicateur important en matière de crédit. Cela correspond à la somme qu'il reste pour les dépenses du quotidien, une fois l'ensemble des charges payé. Nous pouvons calculer le reste à vivre par cette formule : Reste à vivre = revenus mensuels − charges mensuelles fixes.

Lors de la demande de crédit bancaire, ce reste à vivre peut être exprimé en pourcentage. Si le reste à vivre est important, vous pouvez dépasser le taux d'endettement de 33 %, même dans les établissements classiques.

Prenons l'exemple d'un couple dont les deux partenaires ont un CDI, une situation stable et un reste à vivre important. Le taux d'endettement peut être plus important que 33 %. Dans ce cas, la limite de 33 % reste une recommandation.

Le calcul de notre taux d'endettement est simple, la formule étant : Taux d'endettement = (charges/revenus) x 100.

Nous pouvons calculer nos revenus grâce au bulletin de paie, où figure le salaire net à retenir, mais aussi en y incluant les revenus fonciers, en cas de patrimoine immobilier, les revenus non professionnels non salariés et les pensions alimentaires. Les personnes ayant une pension (retraite, allocation aux adultes handicapés...) doivent avoir des justificatifs de revenus de tous les mois. Les allocations familiales ne sont pas prises en compte par la banque, car elles sont très variables, sauf les primes exceptionnelles ou les indemnités. Pour ce qui est du calcul des charges, il faut réunir les mensualités en cours de remboursement, toutes les dettes hypothétiques, telles que les crédits à la consommation (crédit auto, prêt travaux, prêt personnel, crédit renouvelable...), le ou les prêts immobiliers et les crédits à taux zéro (PTZ et éco-PTZ). Le paiement d'une pension alimentaire doit aussi être pris en compte, tout comme le loyer, si la personne est en location. Retenons qu'un taux d'endettement supérieur à 33 % peut être comparé à un surendettement. C'est pour cela que la banque traditionnelle bloque à ce taux-là.

Pour illustrer, voici un exemple : un couple gagne 3 000 € net mensuels. Coté dépenses, il a un crédit voiture de 200 € mensuels, un crédit immobilier de 400 € mensuels et un crédit à la consommation de 100 € mensuels. Côté revenus, nous avons 3 000 € et côté charge nous calculons 700 € mensuels. Le taux d'endettement = (700/3000) x100 = 23 %. Leur taux d'endettement est donc de 23 %. Il leur reste 10 %, ce qui représente environ 304 € mensuels maximum de crédit possible. À ce prix du crédit, il faudra favoriser un bien qui n'est pas trop cher, sur la durée.

Une astuce pour pouvoir faire baisser son taux d'endettement : le rachat de crédit. Bien entendu, dans une demande de rachat de crédit, la notion de capacité d'endettement est importante. Elle est calculée avant et après le rachat de crédit. Si vous regroupez tous vos crédits, la mensualité va être réduite, mais plus longue. Cela permet de faire baisser votre taux d'endettement.

Nous avons vu dans le chapitre précédent le plan de financement à l'acquisition. Si nous en reprenons notre exemple, nous pouvons imaginer que cette famille doit emprunter 100 000 € pour acheter son bien immobilier, car elle a déjà 23 000 € d'apport personnel. Il lui faudra environ 28 ans pour rembourser son crédit si sa mensualité est de 304 €. Si elle veut prendre un crédit avec une durée moins longue, il faudra un apport personnel plus élevé pour avoir un crédit moins cher.

Conseil : si vous comptez investir dans l'immobilier principalement à crédit, évitez de contracter des crédits tels que les crédits voiture ou à la consommation, cela peut empiéter sur votre taux d'engagement et la banque pourrait refuser vos futurs prêts immobiliers.

Chapitre 7
Rentabilité locative et rendement locatif

On peut définir la rentabilité locative tout comme le rendement locatif en les calculant par le ratio qui permet de mettre en avant le prix d'achat et de revient du bien avec le revenu locatif brut. Ce rendement locatif s'exprime souvent en pourcentage et se calcule sur une base annuelle.

Ce calcul vous donne une première idée de votre investissement locatif. Tout comme le plan de financement à l'acquisition, il faut ajouter toutes les dépenses liées au bien immobilier. Il existe 3 types de rentabilité locative. La première est la rentabilité locative brute ; la deuxième, qui rentre plus dans le détail, s'appelle la rentabilité locative nette ; la troisième, plus précise encore, car il faut y ajouter ce qui dépend du choix d'imposition, est la rentabilité dite nette nette.

La rentabilité locative brute se formule ainsi :

((Montant du loyer x 12)/Prix d'achat (incluant les frais d'acquisition)) x 100.

Prenons un exemple : pour un achat de 120 000 €, avec un loyer possible de 700 € et des frais de notaire de 8 000 €. Le calcul est : ((700 x 12)/(120 000 + 8 000)) x 100 = 6,56 %. Nous obtenons une rentabilité brute de 6,56 %.

La rentabilité locative est considérée comme rentable quand celle-ci est supérieure à 7 %.

Pour affiner notre calcul, il faut ajouter d'autres frais, qui sont de l'ordre des charges de copropriété, que l'on ne peut pas récupérer sur le loyer, et toutes les charges probables : taxes foncières, charges de la copropriété non récupérables, assurances ou frais de gestion. Cette rentabilité dite nette s'approche plus de votre investissement réel. La formule est à modifier légèrement : (((Montant du loyer x 12) − (les charges locatives))/(Prix d'achat (incluant les frais d'acquisition)) x 100.

Reprenons notre exemple. Pour un achat de 120 000 €, avec un loyer possible à 700 €, des frais de notaires à 8 000 €, nous ajoutons 600 € de charges de copropriété non récupérables, 500 € de taxe foncière, 400 € de réparations locatives et 200 € d'assurance sur loyer impayé. Soit un total de 1 700 € de charges. Si nous appliquons notre formule :

((700x12) − 2000/(120 000 + 8000)) x 100 = 5 %. Notre rentabilité locative nette est de 5 %. Bien entendu, il faut ajouter le coût de la commission de l'agence immobilière et les coûts du crédit immobilier pour être plus précis.

Avec cette rentabilité locative nette, nous nous rapprochons de la rentabilité réelle de l'investissement.

Et pour être plus précis, il faut calculer la rentabilité dite nette nette. Il s'agit du rendement net de fiscalité, ce qui inclut votre imposition de revenu foncier. Bien entendu, cela dépend des revenus fonciers et de leurs taux d'imposition (micro foncier, réel, micro BIC…). Si vous êtes éligible à des dispositifs de défiscalisation, il faut les ajouter à votre rentabilité dite nette nette. La loi Pinel, par exemple, le permet. Pour rendre cette rentabilité locative plus réelle, pensez à ajouter une vacance locative, en général deux mois de loyer perdus sur une année[12].

---

[12] QR code : Comment calculer le rendement de son investissement locatif.

Pour l'année 2020, voici les 10 villes ayant le taux de rentabilité nette le plus élevé[13] :

Ville	RNL moyenne	Prix moyen au mètre carré	Prix moyen du loyer HC
Limoges	5,1 %	1 684 € (+7,3 % sur 1 an)	9,6 €/m2 (+3,8 % sur 1 an)
Perpignan	5,1 %	1 664 € (+3,4 % sur 1 an)	9,9 €/m2 (-0,4 % sur 1 an)
Saint-Étienne	4,9 %	1 497 € (+10,3 % sur 1 an)	8,4 € m2 (+10,3 % sur 1 an)
Amiens	4,8 %	2 356 € (+4,3 % sur 1 an)	12,9 €/m2 (-4,7 % sur 1 an)
Mulhouse	4,7 %	1 663 € (+12,8 % sur 1 an)	9,1 €/m2 (+4,2 % sur 1 an)
Nîmes	4,7 %	2 001 € (-6,3 % sur 1 an)	10,8 €/m2 (+0,4 % sur 1 an)
Le Havre	4,6 %	2 195 € (+10,4 % sur 1 an)	11,5 €/m2 (+4,7 % sur 1 an)
Le Mans	4,6 %	1 975 € (+6,3 % sur 1 an)	9,6 €/m2 (+3,5 % sur 1 an)
Besançon	4,5 %	2 143 € (+10,2 % sur 1 an)	10,9 €/m2 (-1,4 % sur 1 an)
Caen	4,5 %	2 539 € (+5,2 % sur 1 an)	12,9 €/m2 (+0,7 % sur 1 an)

---

[13] QR code : Top 10 des villes les plus rentables pour investir dans l'immobilier !

Tout cela ne reste qu'une moyenne. En effet, dans certaines villes, le taux de rentabilité varie d'un quartier à l'autre. Si vous allez dans des quartiers plus sensibles, le taux de rentabilité va être plus élevé, mais les vacances locatives plus élevées aussi. Tout dépend de votre projet, de vos moyens. Grâce à ce tableau, nous pouvons voir qu'il existe une nette croissance dans l'achat immobilier. Les loyers augmentent aussi. Il existe même des biens ayant une très bonne rentabilité locative, en centre-ville dans certaines grandes villes. Cela peut être une très bonne affaire ; il faut être à l'affût des biens en vente.

Remarque : dans certains quartiers, le taux de rentabilité brute peut être supérieur à 20 % ; ces quartiers sont généralement défavorisés. Investir dans ce type de quartiers est risqué, mais très rentable. La demande en location dans ces quartiers est très demandée, vu le faible loyer par rapport au quartier bien placé. Par contre, les dossiers sont assez compliqués, en général. À vous de bien choisir vos locataires.

Chapitre 8
Statut de l'investissement locatif

La forme juridique de l'investissement immobilier est très importante. Quand vous êtes prêt à investir sur un bien immobilier locatif, vous pouvez être à plusieurs, en société, ou seul à investir. Le plus intéressant reste les différents avantages de ces choix.

L'investissement locatif vous permet d'avoir des revenus fonciers, ce qui peut être intéressant pour un complément de salaire. Il peut même constituer votre salaire, si vous en faites votre métier. Ces revenus fructifient au fil du temps. Ces revenus proviennent des loyers ou même de la revente du bien avec une plus-value par rapport au prix d'achat. On peut utiliser ces actifs immobiliers à des fins professionnelles comme personnelles. Cela peut être des appartements, des maisons, des garages, des entrepôts ou bien des bureaux, etc.

D'un point de vue juridique, l'investissement immobilier permet à l'investisseur de devenir propriétaire, ce qui lui donne des pouvoirs sur ses biens : récolter un loyer, le droit de le revendre et le droit d'y habiter.

Autrement, de plus en plus de personnes créent des sociétés. Les plus répandues restent les sociétés civiles immobilières (SCI), mais d'autres options peuvent se révéler plus avantageuses.

Penchons-nous sur la question suivante : qu'est-ce qu'un statut juridique ?

Le statut juridique est ce qui détermine le cadre légal pour l'activité en question. En conséquence du choix d'un statut juridique, nous aurons différentes manières de fonctionner, selon le point de vue fiscal, le point de vue social, ainsi que le mode de fonctionnement et l'organisation de l'entreprise.

Il existe deux types de statuts juridiques : les entreprises individuelles et les sociétés (civiles ou commerciales). La différence reste ancrée dans la personnalité morale. L'entreprise individuelle n'ayant pas de personnalité morale, votre responsabilité et votre patrimoine personnel seront engagés. En revanche, la société permet de créer une personne morale, ce qui protège le patrimoine personnel. Aujourd'hui, en France, il existe beaucoup de statuts différents : les sociétés à responsabilité limitée (SARL, SAS, SA...) ; les sociétés à responsabilité illimitée (MicroEntreprise, EI, SNC...) ; les sociétés civiles (SCI, SCP...) ; les sociétés à associé unique (EIRL, SASU, EURL...) ; les sociétés pluripersonnelles (SARL, SAS, SA, SCI...).

Nombre de ces statuts ne conviendront pas à un investissement immobilier. En effet, il faut bannir la création d'une entreprise individuelle, du simple fait de l'absence de personnalité juridique. Les deux formes juridiques les plus utilisées dans l'investissement immobilier sont la SCI, la préférée des Français, et la SARL (société à responsabilité limitée) de famille. Elles présentent de nombreux avantages pour ces investissements immobiliers.

La société civile immobilière, dite SCI, tout comme son nom l'indique, concerne les activités immobilières. Cela fait d'elle le statut par défaut pour tout investissement immobilier collectif. Elle est constituée au minimum de 2 associés et elle permet de construire un patrimoine professionnel. La gestion du patrimoine personnel est plus facile et la transmission, lors de l'héritage, aussi. En matière de fiscalité, elle est soumise à l'impôt sur le revenu, mais peut aussi se placer sous le régime de l'impôt sur les sociétés. Le régime d'une SCI est choisi par rapport à son revenu.

Pour ce qui est de la SARL de famille, les associés sont obligatoirement de la même famille. Elle est soumise à la réglementation du Code de commerce, ce qui limite la liberté quant à la rédaction des statuts. Contrairement à la SCI, d'un point de vue fiscal, elle est soumise obligatoirement à l'impôt sur les sociétés, avec une option sur l'impôt sur le revenu.

Pour la SCI et la SARL de famille, il n'y a pas de minimum de capital. Concernant la SARL, les associés sont responsables uniquement à hauteur de leurs apports, avec tout de même la possibilité d'ajouter une autre activité à celle à caractère immobilier[14].

Conseil : il est très important de choisir le bon statut de votre investissement locatif. Pour être mieux accompagné, il est préférable de demander l'avis d'un fiscaliste.

---

[14] QR code : Investissement immobilier, quelle forme juridique choisir ?

Chapitre 9
Le régime fiscal

Lors d'un investissement immobilier, vous devez déclarer vos revenus au fisc. C'est obligatoire, peu importe le statut juridique que vous avez choisi. Le bon choix de votre régime fiscal est primordial, car vous avez la possibilité d'augmenter la rentabilité de votre investissement locatif en choisissant bien. Un régime fiscal mal adapté à votre profil vous ferait perdre beaucoup d'argent sur le profit de vos revenus fonciers.

Nous pouvons diviser en deux régimes la fiscalisation sur l'investissement immobilier. Le premier concerne la location nue, et le second la location meublée. En cas de location nue, vous devrez déclarer vos revenus sous le régime des revenus fonciers. Cela correspond à la déclaration des bénéfices obtenus grâce à la location, à comptabiliser dans votre déclaration de revenus. Deux cadres fiscaux sont possibles : le micro foncier ou le régime réel. Dans les deux cas, le bailleur paye la taxe foncière.

Pour ce qui est de la location nue en micro foncier, ce premier cas s'applique aux propriétaires dont les revenus fonciers annuels ne dépassent pas les 15 000 € par an. Avec ce forfait, vous avez l'avantage d'avoir un abattement forfaitaire de 30 % sur les montants déclarés, ce qui signifie que vous ne serez imposé que sur 70 % de vos revenus fonciers. La déclaration se fait dans la case 4BE de la déclaration simplifiée. Il est déconseillé de prendre ce régime à ceux qui font beaucoup de travaux dans leur investissement immobilier, car ces 30 % d'abattement couvrent l'ensemble des charges afférentes à ces travaux. Dans ce cas, il est préférable de prendre le régime réel.

Pour le cas de la location nue en régime réel, c'est appliqué automatiquement pour ceux qui ont des revenus fonciers supérieurs à 15 000 € par an. Ceux qui ont des revenus inférieurs doivent la choisir expressément. S'ils prennent cette option, ils y seront soumis durant 3 ans et c'est irrévocable pendant toute cette période. C'est pour cela qu'il est primordial de calculer les charges durant les 2 prochaines années, pour anticiper l'imposition et éviter de payer trop d'impôts.

Si vous choisissez la location meublée, cela vous permet de profiter d'une fiscalité plus avantageuse. Nous parlons dans ce cas de bénéfices industriels et commerciaux (BIC) et non de revenus fonciers. Le bailleur est alors vu comme une entreprise et sera soumis à des obligations comptables. Vous avez le choix entre deux options : le micro BIC ou le régime réel. Dans les deux cas, on réduit l'assiette fiscale (sur laquelle s'applique l'impôt). Des locations peuvent être soumises à la TVA, comme les chambres d'hôtes, par exemple.

Première option : pour la location meublée en micro BIC, vous avez le droit à un abattement forfaitaire de plus de 50 % sur l'ensemble des revenus locatifs. Cette fiscalité est appliquée pour les bailleurs ayant un revenu locatif, incluant les charges, inférieur à 32 600 € par an. Pour la déclaration, cela s'avère plus simple, car il suffit d'inscrire dans sa déclaration de revenus, dans la rubrique « Bénéfices industriels et commerciaux », le total des loyers perçus de la part de ses locataires. Le bailleur doit tenir deux livres : un de recettes et un d'achats. Si les charges dépassent 50 %, mieux vaut se tourner vers le régime réel, avec une durée de deux ans.

Deuxième option : la location meublée en régime réel. Sont concernés les bailleurs ayant un revenu locatif supérieur à 32 600 €. Cependant, ils peuvent déduire certaines charges telles que les frais d'entretien ou de réparation, les impôts locaux, les frais de gestion, les frais d'assurances, l'amortissement du mobilier, etc.

Sur ce dernier point, un gros avantage avec cette option sera l'amortissement de l'immobilier. Votre bien sera amorti comptablement sur un nombre d'années fixe (30 ans, en général). Un exemple : pour un bien en location d'une valeur de 100 000 €, vous pourrez alors déduire 3 000 € de vos recettes locatives. Opter pour le régime réel permet donc de réduire de façon significative l'imposition des revenus de votre opération locative.

Le droit de l'immobilier reste un domaine très complexe ; en cas de litige ou de problème, consultez un avocat du droit immobilier qui vous indiquera les procédures à suivre[15].

Conseil : l'ajout de surface habitable doit être déclaré aux impôts pour être prise en compte.

---

[15] QR code : Quel régime fiscal choisir pour un investissement locatif ?

Chapitre 10
Critère de sélection et pièces justificatives du locataire

Le choix du locataire est primordial. Cela passe par plusieurs étapes, dont la rédaction de l'annonce de votre location. Votre annonce va être le premier filtre pour votre choix de locataire. En effet, il faut spécifier la surface habitable précise du bien, le nombre de chambres, la présence ou non de jardin, de cave ou de parking.

Plus votre annonce est complète, moins vous aurez à faire de visites inutiles. Avec une annonce complète, vous aurez des visites plus cohérentes, ce qui peut vous donner des profils en rapport avec ce que vous recherchez. Petite astuce d'agent immobilier : si vous ne souhaitez pas vous faire harceler au téléphone par les agences immobilières en quête de prospection, n'hésitez pas à mettre une mention « Agences, s'abstenir ». Toutefois, certains agents dérogent à cette règle et n'hésitent pas à vous contacter.

Lors de la prise de rendez-vous au téléphone pour la visite du bien immobilier, vous pouvez imaginer un second filtre. Si la personne ne peut prendre des rendez-vous que le soir ou le weekend, cela peut-être un bon signe, car cette personne travaillerait en tant que salariée la plupart du temps. Cela vous permet de détecter, par la suite, en analysant le dossier, si c'est un dossier frauduleux ou non.

Lors de la visite, en tant que propriétaire, essayez de poser plusieurs questions : pour quelle(s) raison(s) la personne déménage de son ancien logement, combien de personnes vont vivre dans le bien immobilier, possède-t-elle des animaux, quel est le métier de la personne, ou encore son lieu de travail. Faites attention de ne pas faire de discrimination, c'est puni par la loi (jusqu'à 3 ans de prison et 45 000 € d'amende).

Lors de la constitution des dossiers de location, vous devez demander, en tant que propriétaire, plusieurs pièces justificatives. Il est préférable de vérifier la fiabilité de ces pièces justificatives. Bien souvent, des personnes peu scrupuleuses montent de faux dossiers. Vous pouvez contacter l'ancien propriétaire, pour vous assurer que les loyers étaient payés en temps voulu, éventuellement téléphoner à l'employeur pour vérifier si la personne travaille bien au sein de l'entreprise (les coordonnées figureront sur la fiche de paie fournie). « Quelle que soit la situation professionnelle d'un candidat, il doit constituer un dossier de location avec des documents qui prouvent son identité, mais aussi des justificatifs qui précisent la nature et la provenance de ses revenus[16]. »

Détaillons. Un salarié doit fournir une copie de son contrat de travail, ainsi que ses trois dernières fiches de paie. Pour un étudiant, un apprenti ou un élève, il faut demander une preuve de sa scolarisation (continue ou en alternance). Cette preuve peut être une carte étudiante qui justifie son statut. Dans le cas d'un apprenti, il faut aussi demander les 3 derniers bulletins de salaire et son contrat d'apprentissage. S'agissant d'une personne retraitée, son dernier bulletin de pension peut faire foi. Par contre, les seniors sont protégés par la loi, au cas où vous voudriez mettre fin au bail (consultez la loi du 6 juillet 1989). Pour une personne sans emploi, vous pouvez demander un document de Pôle emploi attestant du montant des indemnités à venir et un justificatif donnant les montants des 3 dernières allocations versées par l'organisme. S'il s'agit d'un indépendant, il est préférable de solliciter la fourniture d'un extrait Kbis ou de tout autre avis d'inscription au répertoire

---

[16]   Voir le QR code suivant.

des métiers, s'il est artisan, ou au Registre du commerce et des sociétés (RCS) ; il devra se munir également de la copie du dernier bilan ou de tout autre document comptable officiel. Enfin, parfois, un gérant est salarié de sa propre entreprise. À ce moment-là, demandez-lui non seulement ses 3 derniers bulletins de salaire, une copie de son contrat de travail ou une attestation d'employeur, mais aussi le dernier compte de résultat ou bilan comptable de l'entreprise et son extrait Kbis (ou tout document assurant une inscription au RCS ou au répertoire des métiers).

Si certains profils perçoivent des prestations comme les allocations familiales, allocations logement, pensions alimentaires ou autres, les pièces justificatives peuvent aussi être demandées. La carte d'identité ou un passeport et le dernier avis d'imposition sont vivement conseillés pour constituer le dossier de location. Si les dossiers de votre futur locataire sont fragiles, vous pouvez souscrire à une assurance loyers impayés. Cela procurera une garantie supplémentaire. Si nous récapitulons, en général, il est préférable de demander :

- la carte d'identité ou le passeport ;
- le dernier avis d'imposition ;
- les 3 derniers justificatifs de revenus ;
- les 3 derniers justificatifs de revenus sociaux, le cas échéant ;

- le contrat de travail ou la preuve de scolarisation ;
- les 3 dernières quittances de loyer de l'ancien bailleur.

En cas de garant, les mêmes documents sont à demander ou à signer, en plus de la signature d'une caution. Pour ne pas entamer la solvabilité de votre futur locataire, le loyer ne doit pas dépasser 25 % à 33 % de ses revenus. De même pour son garant, s'il en a un[17].

Conseil : si vous louez votre appartement seul en tant que propriétaire sur Internet, n'hésitez pas à mettre une mention demandant aux agences immobilières de s'abstenir, sinon la majorité des appels seront des agents immobiliers qui effectuent de la prospection téléphonique.

---

[17] QR code : Les étapes essentielles pour choisir le bon locataire

Chapitre 11
La caution

Le garant peut être une personne tierce physique ou morale qui s'engage à couvrir les éventuelles dettes en cas de loyer impayé. Pour ce faire, on doit établir un acte de cautionnement et le recours à la caution est très encadré par la loi.

La personne qui se porte caution s'engage à payer le loyer, les charges, voire les dégradations, en cas de dettes. Cette caution est engagée à la demande du propriétaire en cas d'impayé du locataire. La demande de paiement de la caution est différente selon le type d'acte de cautionnement écrit. La caution est souvent demandée quand le futur locataire est étudiant ou que les revenus ou le type de contrat de travail ne sont pas cohérents avec le bien loué.

Ne confondez pas caution et dépôt de garantie. En effet, la caution est donnée par un garant, tandis que le dépôt de garantie est une somme d'argent versée lors de l'entrée officielle dans les lieux, qui couvrira d'éventuelles dégradations.

En général, un garant se porte caution pour une personne de sa famille ou un proche. Une banque, une société ou bien encore un organisme comme

Action logement, par exemple, peuvent aussi faire office de garant. Légalement, le bailleur ne peut pas refuser un garant au motif qu'il n'habite pas en France ou ne possède pas la nationalité française.

Un locataire qui n'a pas de garant du parc privé peut se tourner vers Visale, dispositif du groupe Action logement (sous conditions d'éligibilités) ; pour les locataires du parc social, il existe la garantie Loca-Pass (sous conditions d'éligibilités) ; pour les intérimaires, le dispositif FASTT (Fonds d'Action Sociale du Travail Temporaire) Confiance Bailleur peut être sollicité. En ce qui concerne le cautionnement bancaire, le garant étant la banque du locataire, le locataire a l'obligation de verser 3 mois à 1 an de loyer sur un compte bloqué. Ce service est payant, pour environ 2 % du montant cautionné.

Le bailleur peut demander autant de garants qu'il le souhaite, mais en général, un seul est demandé. Pour les bailleurs qui souscrivent à une assurance loyers impayés, le bailleur n'a pas le droit de cumuler 2 cautions (sauf exception : le locataire serait étudiant ou apprenti). Si vous voulez cumuler Visale avec une autre caution, le dispositif s'annule[18].

---

[18]   Voir QR code page suivante

Pour mettre en place un garant, il faut faire un acte de cautionnement. Il est généralement fait *sous seing privé*, entre le propriétaire et la caution. Il peut aussi se faire par le biais d'un notaire, sous acte authentique. Le garant en garde un exemplaire, avec également un exemplaire du bail de location.

Plusieurs mentions sont obligatoires pour l'acte de cautionnement :

- le montant du loyer et des conditions de révision tels qu'ils figurent dans le contrat de location ;

- une mention exprimant de façon explicite et non équivoque la connaissance que la personne a de la nature, de l'étendue et de l'obligation qu'elle contracte ;

- la reproduction de l'avant-dernier alinéa de l'article 22-1 de la loi du 6 juillet 1989, qui précise les conditions dans lesquelles la caution peut résilier son engagement.

Si l'acte de cautionnement ne présente aucune indication de durée ou lorsque la durée du cautionnement est stipulée indéterminée, le garant peut le résilier unilatéralement. Cette résiliation prend effet au terme du contrat de location. Si aucun montant maximum n'est précisé, l'engagement est alors très étendu et non chiffrable. La caution doit être informée de l'évolution de la garantie, tous les ans, par le bailleur. Si cela fait défaut, la caution ne sera pas tenue de payer les accessoires, les frais ou les pénalités.

La caution est un engagement financier strict. En effet, quand la caution signe l'acte de cautionnement, il devient garant du paiement des sommes dues par le locataire au propriétaire.

À noter que son engagement est différent selon sa nature. Il existe deux types de cautionnement : le simple ou le solidaire. S'agissant de la caution simple, le risque est plus limité et évaluable. En cas de défaut, le garant ne payera le propriétaire que lorsque toutes les poursuites contre le locataire ont échoué et qu'il se révèle insolvable. (Si le garant a renoncé au bénéfice de discussion dans l'acte de cautionnement, le bailleur peut s'adresser au garant sans avoir à effectuer de poursuites contre le locataire.) Pour ce qui est de la caution solidaire, le garant s'engage à payer le loyer et les charges en cas de non-paiement du locataire, sans effets de poursuites. En cas d'impayés sur une caution simple, le propriétaire doit envoyer une lettre recommandée avec accusé de réception dans les 15 jours de l'impayé, en informant le garant de l'impayé. Si ce délai n'est pas respecté, le garant n'est pas tenu responsable de payer les pénalités ou intérêts de retards dus par le locataire. Le garant doit être informé au moins une fois par an de l'évolution de la somme de la dette. À défaut, tous les frais et pénalités associés à la dette seront annulés (loi du 29 juillet 1998 modifiant l'article 2016 du Code civil). Pour ce qui est de la garantie Visale, le détail est à consulter sur leur site Internet.

Pour ce qui est de la durée de la caution, si elle est déterminée, elle se trouve clairement précisée dans l'acte de cautionnement et ne peut être révoquée avant la date indiquée. Si elle est indéterminée, elle correspond à la durée du bail ; elle peut être révoquée à tout moment par le garant.

Le garant engage ses revenus et tous les biens lui appartenant. La caution peut être retirée de tous ses biens, sauf minimum égal au Revenu de Solidarité Active, en cas de lourd impayé ; si le garant ne peut pas assumer les sommes dues, il peut demander au juge un délai rallongé de paiement. La caution peut se retourner contre le locataire sur une durée de 30 ans afin de se faire rembourser des sommes payées à sa place.

Pour qu'une caution se désengage, il faut qu'elle envoie un recommandé avec accusé de réception au propriétaire, lui signifiant sa volonté de se désengager (possible à tout moment), *à condition que la caution soit sur une durée indéterminée.* En revanche, il faut attendre la date de reconduction du bail ou de sa résiliation pour que ce désengagement prenne effet.

D'autres clauses peuvent être ajoutées sur l'acte de cautionnement, comme des clauses sur un éventuel décès.

Nota bene : la signature de la caution, tout comme le bail, peut se faire par mail, mais un dépôt en recommandé avec accusé de réception est recommandé, soit par envoi électronique, soit par voie postale.

Chapitre 12
Bail de location

Le bail de location est un contrat de louage de biens mobiliers ou immobiliers à durée déterminée. Le bail engage le locataire à payer le loyer au bailleur.

En immobilier, le contrat de bail est la pièce maîtresse de votre projet de location. Il réduit les litiges potentiels en définissant les obligations des parties. La réglementation du bail est encadrée par la loi ALUR. En principe, le bail peut être écrit sur papier libre, mais des exemples de baux existent sur Internet pour ne pas oublier de mentions obligatoires. Les logements privés pour résidence principale et tout logement aux normes peuvent être mis en location en tant qu'habitation.

Pour les normes, il existe un minimum de surface. Le bien immobilier doit compter au minimum 1 pièce principale de 9 m² et une hauteur sous plafond de 2,20 m, ou bien un volume habitable de 20 m³ au total. Ces mesures sont parties de la loi Carrez. Seule la surface habitable est comptabilisée. Concernant les normes de santé et de sécurité, le bien doit former un clos et couvert solide, en état d'isolation adéquat, avec au moins 1 ouverture sur l'extérieur (qui doit permettre une aération et une luminosité de qualité suffisante). Les réseaux électriques, d'évacuation et d'alimentation en eau potable, ainsi que les revêtements, doivent éliminer tout risque pour le locataire. De plus, le logement ne doit pas, à l'entrée des lieux, être infesté par des nuisibles. En matière de confort, la loi ALUR impose que le logement possède : des éclairages et systèmes de chauffage convenables ; de l'alimentation en eau potable (avec débit suffisant) ; une évacuation des eaux usées sans émanations ; une installation hygiénique séparée de la cuisine ; des WC... Aussi, le logement doit être paisible un minimum : l'isolation doit être suffisante pour éviter les nuisances sonores.

Certaines mentions doivent obligatoirement apparaître dans le bail. En premier lieu, les noms et coordonnées des parties qui s'engagent, les date et prise d'effet du bail, la durée de location. Aussi, les informations sur le logement doivent être signalées : sa localisation précise ; la nature du logement (maison, appartement) et sa description, avec notamment la surface habitable et le nombre de pièces principales (mais aussi le procédé de chauffage de l'eau chaude sanitaire) ; si le bien est à usage d'habitation ou mixte ; les équipements et accessoires sur place, dont le mobilier s'il s'agit d'une location meublée, les modalités de réception télévisuelle ; les nature(s) et montant(s) des derniers travaux accomplis (depuis la fin du dernier bail ou de son renouvellement). Le prix du loyer doit être signalé, avec sa périodicité et les modalités de son versement, mais aussi le montant du loyer de référence et le montant plafonné si le logement se trouve dans les zones de loyers encadrés, les montant et date de paiement du dernier loyer perçu par le propriétaire, le cas échéant. En cas d'intervention d'un intermédiaire (type agent immobilier), le bail doit contenir les honoraires payés par le propriétaire à l'agence. D'autres clauses peuvent être ajoutées, mais sont facultatives : le montant du dépôt de garantie qui doit respecter le maximum autorisé (1 mois de loyer hors charges) ; les modalités de révision du loyer ; une clause résolutoire pour pouvoir mettre fin au bail en cas de non-respect des obligations contractuelles ; l'acte de cautionnement par un tiers (cf. chapitre précédent) ; une durée précise, si elle dépasse le minimum pour les logements nus, qui est de 3 ans.

À signaler que certaines clauses sont considérées comme abusives par la loi : l'obligation de souscrire une assurance du choix du bailleur ou de la location d'équipement ; la visite de l'habitation pendant plus de 2 heures (jours ouvrables ou fériés) ; le prélèvement automatique du loyer ; la résiliation du bail de plein droit (pour un motif autre que la non-souscription d'assurance locative, un ou des impayé(s), le non-paiement du dépôt de garantie...) Sont aussi considérés comme abusifs :

l'interdiction d'exercer dans le logement une activité syndicale, confessionnelle ou politique ; l'interdiction d'hébergement d'une ou d'autre(s) personne(s) ; le remboursement de réparations *sur simple estimation* ; l'agrément, pour le propriétaire, d'annuler ou abaisser une prestation du contrat (sans compensation). Toutes ces clauses abusives se retrouvent dans l'article 4 de la loi du 6 juillet 1989.

Des annexes au bail sont à inclure. Pour un logement nu, il faudra une notice d'information, l'état des lieux d'entrée signé, une attestation d'assurance de l'occupant, le dossier de diagnostic technique des lieux, dont le DPE (diagnostic de performance énergétique). À souligner que le règlement de la copropriété devra être joint le cas échéant.

Si des clauses ou annexes ne sont pas respectées, la mise en conformité peut se faire à l'amiable ou devant un juge[19].

---

[19]   QR code :Tout savoir sur le bail de location

Remarque : différents sites Internet proposent de vous fournir un modèle de bail de location, d'état des lieux et annexes. Dans ce cas, c'est à vous de rajouter les informations voire de modifier certaines clauses. Vous pouvez vous servir de ces modèles afin de rédiger vos contrats.

Chapitre 13
Bail de colocation

Le bail de colocation, souvent destiné à l'étudiant, permet de partager un loyer. En effet, certains investisseurs investissent toujours sur de la colocation, pour avoir un loyer plus élevé qu'en location simple. Un autre critère qui rend la colocation courante est la hausse des loyers, surtout dans les grandes villes de France. Le bail de colocation est encadré par la loi du 6 juillet 1989.

Une colocation consiste en une location composée de plusieurs locataires. Ces locataires peuvent être des proches ou bien des inconnus entre eux. Ils occupent le même logement, ce qu'il leur donne le droit de le considérer comme leur résidence principale. D'après la loi ALUR, la colocation est « formalisée par la conclusion d'un contrat unique ou de plusieurs contrats entre les locataires et le bailleur[20]. » Les époux ou les personnes liées par un PACS sont exclus de la colocation.

---

[20]   Voir QR code

Le premier type de colocation est la colocation à bail unique. L'ensemble des locataires figure sur le même bail et doit signer celui-ci. Le bail est défini par le décret numéro 2015-587 du 29 mai 2015. Un exemplaire du bail a minima doit être distribué à chacun des colocataires. Les colocataires sont considérés comme solidaires. C'est pourquoi le bail doit comporter une clause de solidarité et d'indivisibilité. Celle-ci met en avant que :

« Les locataires sont tenus conjointement, solidairement et indivisiblement à l'égard du bailleur au paiement des loyers, charges et accessoires dus en application du présent bail. En outre, le congé délivré par l'un des locataires ne le libère pas de son obligation solidaire relative au paiement des loyers, charges et accessoires. Cette solidarité continuera de produire ses effets, vis-à-vis du locataire parti, pendant une durée de six mois à compter de la date de l'effet du congé. Le locataire parti restera donc solidairement responsable des dettes nées durant cette période. Toutefois, la solidarité prend fin à la date d'effet du congé régulièrement délivré lorsqu'un nouveau colocataire figure au bail[21]. »

---

[21] QR code : La colocation

Cette clause exclut le bail mobilité. En effet, la loi ELAN du 23 novembre 2018 a expressément exclu l'application au bail mobilité de l'alinéa V de l'article 8-1 de la loi du 6 juillet 1989. La clause de solidarité permet au bailleur de demander le paiement des loyers par un seul colocataire. C'est à ce colocataire de réunir les moyens chaque mois. En tant que bailleur, vous pouvez aussi vous retourner contre le colocataire qui a donné congé, jusqu'à 6 mois après cet acte de départ, pour réclamer d'éventuels impayés de la part des autres colocataires. Cette clause est d'autre part valable lors de la tacite reconduction du bail. En revanche, quand un colocataire quitte les lieux en donnant congé, cette clause est limitée dans le temps. Après le départ de celui-ci, en général, un autre colocataire prend sa place.

Le colocataire qui part doit adresser un recommandé avec accusé de réception ou remettre en mains propres contre signature pour rendre son congé effectif, mais il doit respecter un préavis. En moyenne, c'est un préavis de 3 mois. Il peut être réduit à un mois pour des motifs de santé, de mutation ou si le bien loué est une location meublée. Le dépôt de garantie déposé par le colocataire sortant ne peut se récupérer qu'à la fin du bail. Un accord à l'amiable avec les autres colocataires peut être envisagé. Enfin, si tous les colocataires veulent prendre congé en même temps, une seule lettre suffira.

Pour l'arrivée d'un nouveau colocataire, un avenant au contrat doit être rempli. Cet avenant sera annexé au bail et doit mentionner : nom, prénom, ainsi que votre adresse de bailleur, mais aussi noms et prénoms des colocataires résidant dans les lieux, dont celui qui a donné congé ; le rappel des faits du bail et de la substitution des locataires ; la date à laquelle le colocataire ayant donné congé doit avoir déménagé ; la date à laquelle le bail commencera pour le nouveau colocataire ; le fait que les conditions précédemment acquises du bail s'appliqueront toujours, pour le temps qu'il lui reste à courir ; et bien entendu, la signature de toutes les parties prenantes. Pour la clause de solidarité, la caution s'engage pour l'intégralité du loyer.

Dans le cas des baux multiples, chaque colocataire a un bail individuel non dépendant des autres. La loi ELAN du 23 novembre 2018 a modifié l'article 8-1 de la loi du 6 juillet 1989. En effet, la surface habitable des locaux pour les baux multiples doit être au minimum de 9 m^2 ou 20 m^3. Chaque colocataire doit payer un loyer et n'est pas solidaire des autres. Par contre, la somme totale des versements des locataires ne doit pas être supérieure au montant du loyer applicable au logement. Le congé d'un colocataire met fin à son contrat seul et n'engage aucunement les autres colocataires. Pour ce qui concerne le garant, il n'est engagé que pour la quote-part du loyer du colocataire concerné.

Concernant les charges, en colocation, en tant que bailleur, vous avez le choix entre les charges réelles ou les charges forfaitaires. Les charges forfaitaires ne peuvent pas être régularisées, mais elles peuvent être révisées chaque année, aux mêmes conditions que le loyer.

Si c'est leur volonté, l'ensemble des colocataires peut souscrire une assurance habitation spécialisée dans la colocation, ce qui peut laisser la possibilité de faire des avenants au contrat, au départ ou à l'arrivée d'un nouveau colocataire, pour que l'assurance soit toujours à jour et donc toujours valable. L'assurance multirisque habitation est de toute façon obligatoire. Le bailleur peut souscrire une assurance à leur place et ainsi récupérer cette somme chaque mois, à hauteur d'un douzième, mais faisant l'objet d'une majoration d'un montant de 10 % maximum, s'il le veut, conformément au décret n° 2016-383 du 30 mars 2016. À ce moment-là, vous pouvez renoncer à la clause résolutoire pour cause de défaut d'assurance[22].

---

[22] Ibid.

Chapitre 14
Bail professionnel

Le bail professionnel est très fréquemment destiné à l'activité libérale. En effet, il existe 2 types de catégories professionnelles qui peuvent prétendre aux baux professionnels. La première est composée des professions libérales réglementées, telles que les médecins, experts-comptables, les avocats, etc. La deuxième est constituée des professions libérales non réglementées telles que les consultants, les astrologues, etc.

Si vous n'avez pas de fonds artisanal en tant qu'artisan, vous pouvez aussi prétendre à la location d'un local sous bail professionnel.

La durée d'un bail professionnel est en général conclue pour 6 ans ; une durée supérieure est aussi recevable, mais cela doit être mentionné sur le bail. Si toutefois l'on décidait d'une durée du bail supérieure à 12 ans, celui-ci doit être signé chez un notaire.

Certaines informations doivent être stipulées dans le contrat de bail, telles que : l'identité des deux parties ; le lieu où se situe le bien loué ; sa durée et ses modalités de renouvellement ; le montant du loyer et les conditions de paiement (mensuel, trimestriel...) ; les procédures de révision du loyer ou d'arrêt de location ; ce à quoi sont tenus le bailleur et le locataire... Si le contrat est conclu pour une durée supérieure à six ans, cela devra être indiqué, avec la durée. Il faut également signaler la juridiction compétente en cas de litige. Bien souvent, le tribunal de grande instance.

Pour ce qui est du prix du loyer, il est fixé librement par le propriétaire avec accord du locataire, et peut être révisé chaque année à la date d'anniversaire du bail. Cette révision est spécifiée dans le bail. Il existe 2 indices sur lesquels les propriétaires se basent pour un loyer commercial ou professionnel : l'ILAT (indice des loyers des activités tertiaires) ou l'ILC (indice des loyers commerciaux).

Un état des lieux d'entrée et un de sortie doivent être effectués. Aussi, le bail professionnel peut être réalisé avec un huissier de justice. Contrairement au bail commercial, le bail professionnel peut être dénoncé à tout moment par le locataire – avec un préavis de 6 mois, quand même – et à l'échéance du bail pour vous, en tant que bailleur. Ce dernier doit aussi respecter le préavis de 6 mois. Tout préavis doit être envoyé par lettre recommandée avec accusé de réception.

Nous pouvons récapituler ce bail par le biais de ce tableau :

	Bail professionnel
Forme	Écrite, obligatoirement
Activités éligibles	Non commerciales
Durée	6 ans minimum
Loyer	Librement fixé par les parties
Révision de loyer	Librement fixé par les parties
Sous-location	Possible, en l'absence de clause contraire
Droit au renouvellement du locataire	Non
Droit de résiliation du locataire	À tout moment, en respectant un préavis de 6 mois
Droit de résiliation du bailleur	À l'expiration du bail, en respectant un préavis de 6 mois[23]

Conseil : vérifiez bien avec vos locataires que le local peut être destiné à leur activité. Vous pouvez vérifier cela auprès de la mairie du lieu.

---

[23] Voir QR code : Le bail professionnel, caractéristiques et contenu.

Chapitre 15
Bail commercial

Le bail commercial permet de lier un propriétaire et le locataire qui y exercera une activité commerciale ou artisanale, voire industrielle. Les baux commerciaux sont très réglementés par le Code de commerce. Cela donne beaucoup d'avantages au locataire, en lui permettant d'effectuer son activité sereinement (résiliation difficile pour le bailleur, accroissement du loyer encadré, etc.).

La durée d'un bail commercial est de 9 ans minimum ; s'il est conclu sur une durée inférieure à 9 ans, il sera considéré comme un bail précaire et devra répondre à des règles bien particulières qui nécessiteront des dérogations. Pour la résiliation du bail commercial, le locataire peut la demander tous les 3 ans. Il devra, par contre, envoyer une lettre recommandée avec accusé de réception en comptant un préavis de 6 mois, mais ne devra pas fournir de motif précis. Le bailleur, quant à lui, pourra résilier le bail à l'issue d'une période de 3 ans uniquement pour effectuer des travaux qui nécessiteraient l'évacuation des locaux. Tout comme pour le locataire, un préavis de 6 mois devra être respecté, avec l'envoi d'une lettre recommandée avec accusé de réception. Si le bailleur veut résilier le bail sans motif de travaux, il devra verser au locataire une compensation (dénommée « indemnité d'éviction »). Si et quand l'expiration du bail approche, le locataire doit faire une demande de renouvellement du bail au propriétaire. Cette demande s'effectue toujours en recommandé. S'il n'y répond pas sous 3 mois, cette demande sera considérée comme une acceptation. En revanche, si le bail arrive à expiration et qu'aucune demande de congé ni de renouvellement n'a été formulée, le bail ne sera pas suspendu. Cela demeure provisoire, car un nouveau contrat doit impérativement être conclu pour rendre valable un renouvellement de bail.

Notez que le propriétaire peut demander une somme supplémentaire à verser, qu'on appelle un pas-de-porte : librement fixée par les parties, elle fixe un droit d'entrée. Autre chose : en cas de cession du bail commercial à n'importe quel tiers, le nouveau locataire peut payer un droit au bail au locataire qui prend congé.

Sur la révision de loyer : celle-ci est effectuée tous les 3 ans à compter de la date d'entrée en jouissance du locataire, suivant l'indice des loyers commerciaux.

Des mentions écrites sont obligatoires à la rédaction du bail commercial, tout comme l'annexion de certains documents : « l'état des risques naturels, miniers et technologiques (ERNMT) ; le diagnostic de performance énergétique (DPE) ; le diagnostic amiante ; l'état des lieux d'entrée ; l'annexe verte si le local fait plus de 2 000 m²».[24]

Nota bene : si vous, en tant que propriétaire, êtes en indivision, il est obligatoire que tous les indivisaires aient signé le bail, et ceci de quelque nature qu'il soit.

Nous pouvons récapituler ce bail par le biais de ce tableau :

	Bail commercial
Forme	Écrit non obligatoire (mais recommandé)
Activités éligibles	Artisanales, commerciales et activités non commerciales lorsque les parties ont convenu de se placer sous ce statut
Durée	9 ans minimum
Loyer	Librement fixé par les parties

---

[24] QR code : Le bail commercial, tout savoir.

Révision de loyer	Triennale ou selon une périodicité définie dans une clause d'échelle mobile
Sous-location	Possible, avec l'autorisation du bailleur
Droit au renouvellement du locataire	Oui
Droit de résiliation du locataire	À l'issue de chaque période triennale ou par commun accord avec le bailleur
Droit de résiliation du bailleur	Par commun accord avec le locataire[25]

---

[25] QR code : Le bail commercial, caractéristiques et contenu.

Chapitre 16
L'état des lieux

L'état des lieux est la description de l'état d'un logement et de ses équipements. Il doit être joint obligatoirement au bail. Cela doit être bien accompli, pour éviter tout litige à la sortie des lieux. L'état des lieux, d'après l'agence nationale pour l'information sur le logement (ANIL), doit « protéger le locataire et le bailleur en comparant l'état du logement et de ses équipements lors de l'entrée du locataire dans les lieux, puis à sa sortie. Il permet ainsi de définir qui doit prendre en charge les travaux si des réparations sont à prévoir[26]. » Des états des lieux d'entrée et de sortie doivent être établis. Assurez-vous d'effectuer l'état des lieux dans de bonnes conditions d'éclairage, pour pouvoir détecter toute anomalie et faire toute remarque.

---

[26] Voir QR code

Un seul document peut servir à l'état des lieux, avec une colonne pour l'entrée dans les lieux et une seconde pour la sortie, ou bien deux documents avec une présentation similaire. Cela servira à confronter facilement l'entrée et la sortie des lieux. Il peut se faire sur un support papier ou numérique ; il sera remis en mains propres ou par voie électronique, au moment de sa signature par toutes les parties.

Des mentions obligatoires doivent y figurer, telles que : la date de signature ; le nom des parties ; l'adresse de la location ; les coordonnées du bailleur ; le nom et l'adresse des mandataires pour réaliser l'état des lieux (si un représentant a été choisi) ; les relevés des index des compteurs individuels d'eau et d'électricité, et de gaz, le cas échéant ; le nombre et l'usage des clefs (y compris télécommande, badge, etc.) ; la description formelle de l'état des revêtements de sols, murs et plafonds ; l'état des appareils et autres équipements pour chaque pièce ; et, bien entendu, la signature des parties (ou des mandataires, qui auront signalé leur qualité préalablement).

Pour l'état des lieux de sortie, doivent figurer, en plus des éléments énoncés ci-dessus : la nouvelle adresse du locataire ; la date de signature de l'état des lieux de sortie ; les évolutions de l'état de chaque pièce et des équipements observées depuis l'état des lieux d'entrée.

Pour la remise du dépôt de garantie, le propriétaire a un délai de 2 mois pour le rendre après la sortie des lieux, remis à 1 mois si l'état des lieux de sortie est conforme à l'état des lieux d'entrée. Les 2 mois ne sont valables que si des réparations sont nécessaires. Une retenue pourra être faite sur le dépôt de garantie, mais elle doit être justifiée[27].

Concernant les copies et les signatures de l'état des lieux, il est préférable de faire signer l'état des lieux par tous les locataires indiqués sur le bail. Si un des colocataires part en cours de bail ou en cas de séparation d'un couple en situation de concubinage, il est conseillé d'avoir la signature du ou des locataire(s) restant(s) sur l'état des lieux d'entrée, ce qui évite les contestations en cas d'utilisation du dépôt de garantie. Un petit rappel : la solidarité d'un des colocataires est valable 6 mois après son départ. Faites un état des lieux de sortie intermédiaire lors du congé de l'un des colocataires.

L'état des lieux peut être fait sur un seul modèle. Ensuite, vous pourrez envoyer celui-ci au locataire ou il peut en prendre la photo lors de la

---

[27] QR code : Comment établir un état des lieux.

remise des clefs. Je vous conseille de garder l'original en tant que bailleur. Par contre, vous devez fournir un duplicata ou une copie au premier locataire.

Toute feuille doit être paraphée. Une feuille volante non paraphée n'a pas de valeur juridique. Le locataire pourrait alors contester la validité des éléments de la feuille concernée. De même pour les assurances loyers impayés, car une absence de paraphe peut entraîner une déchéance de garantie sur la partie dégradations[28].

---

[28] QR code : État des lieux : modèle gratuit entrée – sortie.

Chapitre 17
Les allocations logement

En France, il existe de nombreuses aides pour se loger, surtout en cas de revenus modestes. Il existe 3 aides au logement : l'aide personnalisée au logement (APL), l'allocation de logement familiale (ALF) et l'allocation de logement sociale (ALS). Ces aides ne peuvent pas être cumulées. Elles sont calculées par rapport à la situation familiale du demandeur, à ses ressources et au montant du loyer, mais aussi en fonction de la redevance ou de la charge de remboursement des prêts contractés. Une réforme « APL en temps réel » va modifier le calcul des aides au logement à partir du 1er janvier 2021. Elles seront calculées en fonction des ressources des 12 derniers mois, et non plus sur la base des revenus N-2.

L'APL est donnée en fonction du critère de financement du logement, l'ALF en fonction de la situation familiale, et enfin, l'ALS est attribuée en fonction de tous les autres cas. Mais entrons dans les détails.

L'APL est destinée au locataire qui a un logement dans une zone conventionnée, au sein de laquelle le propriétaire s'est engagé à louer sous certaines conditions ; elle est aussi destinée au propriétaire qui a acquis sa résidence principale en contractant un prêt d'accession sociale (PAS), un prêt aidé à l'accession à la propriété (PAP) ou encore un prêt conventionné (PC) pour un logement neuf, voire l'aménagement ou l'agrandissement d'un logement.

L'allocation de logement familiale (ALF) est destinée quant à elle aux personnes n'ayant pas le droit à l'APL et qui ont ou vont avoir sous leur toit des enfants ou des personnes à charge, ou encore forment un jeune ménage (la somme des âges du couple ne doit pas avoir atteint 55 ans). Cette aide est aussi en rapport à la situation familiale du bénéficiaire, selon qu'il recevra déjà des prestations familiales, mais aussi l'allocation d'éducation de l'enfant handicapé (AEEH).

L'allocation de logement sociale peut être attribuée aux personnes qui ne peuvent percevoir ni l'APL ni l'ALF. Elle n'a pas besoin que le logement soit situé dans une zone conventionnée ; en revanche, le logement doit satisfaire certains critères de décence[29].

---

[29] QR code : Quelles sont les aides au logement ?

Pour bénéficier de ces aides, il faut en faire la demande à la caisse d'allocations familiales (CAF) ou à la mutualité sociale agricole (MSA). Des simulations existent sur le site de la CAF. De même, la demande peut se faire en ligne.

En tant que bailleur, vous pouvez obtenir ces aides :

Dénomination de l'aide	Conditions à remplir
1 % du logement	Être salarié
Prêt relais	Prêt accordé aux propriétaires en perte d'emploi (plan social) ou en mobilité professionnelle et qui doivent assumer les mensualités d'un double emprunt immobilier.
Prêt Robien	Prêt accordé pour les propriétaires bailleurs qui investissent dans l'achat locatif dans le cadre du dispositif Robien. Le montant du prêt : entre 15 et 40 % du montant total de l'opération immobilière avec un taux de 1 % remboursable sur 15 ans. En contrepartie locative, vous avez à vous engager à accepter de louer votre logement aux locataires potentiels proposés par l'organisme du 1 % logement. Petite précision pour ce dispositif : pour des travaux d'amélioration, il est possible d'obtenir, dans les mêmes conditions, un prêt de 15 à 50 % du montant global des travaux, sur un maximum de 12 800 €.

Prêt pour travaux d'amélioration	Prêt accordé pour financer des travaux d'amélioration dans un logement loué. Le montant du prêt est variable selon le type de location : 60 % du montant des travaux (limite de 14 400 €) pour le locatif social, 50 % du montant des travaux (limite de 9 600 €) pour le locatif libre, avec un taux variable selon le type de location : 1 % dans le locatif social, 2 % dans le locatif conventionné (possibilité 1 %), 1,5 % dans le locatif libre. En contrepartie locative, vous vous engagez à accepter de louer votre logement aux locataires potentiels proposés par l'organisme du 1 % logement.[30]

Conseil : en tant que propriétaire, pour que votre locataire puisse bénéficier des APL ou AL, il faut que vous fassiez une attestation de loyer de la CAF. Cette dernière est disponible sur leur site.

---

[30] Voir QR code : Location. : les aides financières pour les locataires et les bailleurs

Chapitre 18
Régularisation des charges

Dès la réception du décompte annuel de votre syndic, à la date d'anniversaire du bail, si celle-ci est mentionnée sur le bail, il doit y avoir une régularisation des charges locatives. Vous devez tenir informé le locataire 1 mois avant la régularisation et il peut avoir accès aux pièces justificatives jusqu'à 6 mois après la régularisation. Si vous choisissez la régularisation des charges locatives sur le bail et non le forfait de charges, la loi vous oblige à régulariser cette provision en fonction des dépenses réellement engagées, chaque année.

Les charges récupérables sur le locataire sont indexées dans la liste des charges locatives publiées par le décret 87-713 du 26 août 1987, qu'on peut retrouver sur Internet.

Les principales charges récupérables sont l'entretien des ascenseurs et parties communes, la consommation d'eau froide, l'installation de chauffage ou encore les réparations locatives légères, etc.

Chaque année, le syndic vous donne un décompte des charges. S'y trouve généralement la somme récupérable auprès du locataire. Vous pouvez récupérer d'autre part la somme de la taxe sur les ordures ménagères figurant sur la taxe foncière à hauteur de 100 %.

La régularisation doit être faite le plus tôt possible, par exemple dès la réception du décompte des charges locatives. Dans le bail, il peut être éventuellement mentionné que cela sera fait à la date d'anniversaire du bail. D'après l'article 23 de la loi n° 89-462 du 6 juillet 1989 :

« Un mois avant cette régularisation, le bailleur en communique au locataire le décompte par nature de charges ainsi que, dans les immeubles collectifs, le mode de répartition entre les locataires et, le cas échéant, une note d'information sur les modalités de calcul des charges de chauffage et de production d'eau chaude sanitaire collectifs. Durant six mois à compter de l'envoi de ce décompte, les pièces justificatives sont tenues, dans des conditions normales, à la disposition des locataires[31]. »

---

[31] Voir QR code.

L'intégralité de la provision pour charges pourrait être annulée si vous ne transférez pas ces documents.

Vous devez effectuer la différence entre les charges réelles et la provision pour charges versée par le locataire, pour la période concernée. Si la différence est positive, le locataire vous versera le montant lors de la régularisation. Si la différence est négative, le locataire récupérera la différence. Si le locataire part en cours d'année, il est préférable de faire un prorata.

Au cas où, si vous avez oublié de régulariser les provisions pour charges, la loi ALUR comporte une prescription pour tout bail signé après le 27 mars 2014 : toute action au titre du bail est prescrite au bout de 3 ans. En général, en copropriété, cela tourne autour de la date de réception du décompte des charges. Par contre, une régularisation faite trop tard doit être lissée mensuellement, si le locataire le demande. Le locataire peut aussi demander une régularisation des charges durant une période de 3 ans. Il peut aussi saisir le tribunal d'instance pour effectuer une régularisation forcée, que le bailleur n'aura pas à rembourser en entier.

Lors du départ d'un locataire, le bailleur peut bloquer jusqu'à 20 % du dépôt de garantie pour pouvoir assurer la régularisation des charges, qui interviendra plus tard, car connues bien souvent en N+1. Elle devra être rendue quand celle-ci sera faite. La régularisation des charges sera faite sur la base d'un prorata de l'année en cours, dès la réception du décompte pour charges émis par le syndic.

En cas d'impayé des charges, celles-ci étant considérées comme dues au même titre que le loyer, le propriétaire peut faire appel au garant. Si cela n'est pas suffisant, le bailleur peut poursuivre le locataire[32].

Conseil : souvent, dans les quartiers défavorisés, les grands immeubles présentent des charges de copropriété assez élevées. Privilégiez des immeubles avec des charges assez basses, pour avoir moins de charges à payer.

---

[32] QR code : Régularisation des charges locatives : mode d'emploi.

Chapitre 19
Révision du loyer

Le bail peut contenir une clause de révision de loyer, celui-ci étant fixé librement par vous en tant que propriétaire. Toutefois, l'augmentation du loyer se révèle strictement réglementée. Elle est calculée à partir d'indices spécifiques et révisée à la date d'anniversaire du bail, le cas échéant.

La révision du loyer est l'augmentation du coût d'une location et s'applique aussi bien aux baux d'habitation qu'aux baux professionnels. Pour la résidence principale du locataire, cette révision est réglementée par la loi ALUR du 24 mars 2014, qui indique que « l'action en révision du loyer par le bailleur est prescrite un an après la date convenue par les parties dans le contrat de bail pour réviser ledit loyer[33]. »

---

[33] Voir QR code.

La révision de loyer ne peut s'exécuter que sur le loyer nu hors charges. Pour les baux commerciaux et professionnels, cette révision est plus libérée : elle a un effet rétroactif sur 5 ans, selon les dispositions du Code civil.

La révision de loyer se fait selon un indice de référence des loyers (IRL), qui est publié chaque trimestre par l'INSEE. L'indice est calculé selon l'inflation des prix de la consommation, hors tabac et hors loyer, sur une année.

De manière simple, pour calculer l'accroissement du loyer, il faut prendre en compte le loyer précédent et le multiplier par l'IRL du trimestre actuel. Le montant obtenu doit être divisé par l'IRL du trimestre de l'année précédente.

Pour ce qui est des baux commerciaux, la révision se fait tous les 3 ans, comme vu précédemment. Il faudra utiliser l'indice des loyers commerciaux (ILC) ; pour les bureaux, il faudra appliquer l'indice des loyers des activités tertiaires (ILAT). Pour les baux professionnels (pour rappel : surtout les activités libérales), le choix est donné entre l'ILAT et l'indice du coût à la construction (ICC)[34].

---

[34] Voir QR code : Révision du loyer.

Tableau des indices IRL des 10 dernières années :

	Trimestre	En niveau	Évolution annuelle (T/T-4) en %
2020	T3	130,59	+0,46 %
	T2	130,57	+0,66 %
	T1	130,57	+0,92 %
2019	T4	130,26	+0,95 %
	T3	129,99	+1,20 %
	T2	129,72	+1,53 %
	T1	129,38	+1,70 %
2018	T4	129,03	+1,70 %
	T3	128,45	+1,57 %
	T2	127,77	+1,25 %
	T1	127,22	+1,05 %
2017	T4	126,82	+1,05 %
	T3	126,46	+0,90 %
	T2	126,19	+0,75 %
	T1	125,90	+0,51 %
2016	T4	125,5	+0,18 %
	T3	125,33	+0,06 %
	T2	125,25	+0,00 %
	T1	125,26	+0,06 %
2015	T4	125,28	-0,01 %
	T3	125,26	+0,02 %
	T2	125,25	+0,08 %
	T1	125,19	+0,15 %

Deuxième partie : L'investissement locatif

2014	T4	125,29	+0,37 %
	T3	125,24	+0,47 %
	T2	125,15	+0,57 %
	T1	125	+0,60 %
2013	T4	124,83	+0,69 %
	T3	124,66	+0,90 %
	T2	124,44	+1,20 %
	T1	124,25	+1,54 %
2012	T4	123,97	+1,88 %
	T3	123,55	+2,15 %
	T2	122,96	+2,20 %
	T1	122,37	+2,24 %
2011	T4	121,68	+2,11 %
	T3	120,95	+1,90 %
	T2	120,31	+1,73 %
	T1	119,69	+1,60 %
2010	T4	119,17	+1,45 %
	T3	118,70	+1,10 %
	T2	118,26	+0,57
	T1	117,81	+0,09 %[35]

---

[35] QR code : Tableau de l'IRL

Conseil : dans le bail, vous pouvez supprimer la clause de révision de loyer, si vous ne voulez pas faire cette révision chaque année à la date anniversaire du bail.

TROISIÈME PARTIE :

La défiscalisation

Chapitre 1
Qu'est-ce que la défiscalisation ?

En France, il existe de nombreux dispositifs pour aider les habitants à investir dans l'immobilier. La défiscalisation permet aux particuliers d'investir dans l'immobilier tout en réduisant leurs impôts. Cet investissement peut se faire via des biens immobiliers anciens ou dans le neuf, en logement nu ou meublé. Par exemple, si vous êtes le propriétaire d'un immeuble à but locatif, la réalisation de travaux (isolation, changement de système de chauffage, etc.) pourrait vous permettre d'être éligible à une déduction d'impôt à hauteur de 10 700 € de vos revenus. D'autres dispositifs que la loi Pinel existent, tels que la loi Malraux, la loi Denormandie, le déficit foncier, la location meublée (LMNP/LMP), l'investissement en monuments historiques, la disposition Censi-Bouvard. Des conditions doivent être réunies pour chaque loi ou dispositif pour être éligibles à ceux-ci. Pour des personnes ayant de gros revenus, la défiscalisation peut être très intéressante. En général, il faut prévoir un investissement sur le long terme. En plus de cette réduction d'impôt, vous avez bien évidemment les loyers qui rentrent tous les mois. Si vous voulez vous construire un patrimoine tout en cherchant à payer moins d'impôts, la défiscalisation reste pour vous une remarquable issue[36].

Conseil : pour ce qui est de la défiscalisation, certaines agences peuvent monter les dossiers, sinon vous pouvez vous adresser à des gestionnaires de patrimoine.

---

[36] QR code : Tout savoir sur la défiscalisation immobilière.

Chapitre 2
Loi Pinel

La loi la plus connue dans la défiscalisation aujourd'hui reste la loi Pinel. En effet, la loi Pinel permet de réduire ses impôts sur un investissement locatif dans du neuf ; une déduction d'impôt pouvant atteindre 63 000 €.

La loi Pinel, entrée en vigueur en 2014, permet une réduction d'impôt de 12 % sur prix du logement si vous le louez 6 ans, 18 % si vous le louez 9 ans et 21 % si vous le louez 12 ans. Son plafond d'achat est de 5 500 €/m², et la base de calcul ne peut pas dépasser 300 000 €.

Ce dispositif expirera le 31 décembre 2021 pour les investissements en zone Abis, A et B1 du dispositif, ce qui concerne l'agglomération parisienne, les grandes métropoles, les secteurs tendus comme le Genevois français et une section de la Côte d'Azur. La loi Pinel n'est d'ores et déjà plus possible dans les zones B2 et C (les villes moyennes et zones rurales). La loi Pinel a remplacé la loi Duflot. Les conditions de la loi Pinel sont plus légères et le gros avantage est que vous pouvez louer ce bien à un membre de votre famille. Aussi, l'ancienne loi Duflot ne rendait possible qu'une seule durée (9 ans) pour un taux de défiscalisation de 18 % ; Pinel se divise en trois versions pour inciter les particuliers à investir.

Si vous louez 6 ans, donc, vous avez un avantage fiscal de 12 % du prix du logement. Dans cette version, vous pouvez, après calcul, avoir une réduction d'impôt d'au maximum 36 000 €, soit 6 000 € par an pendant 6 ans.

Si vous louez 9 ans, vous avez un avantage fiscal de 18 % de vos impôts, soit une réduction de 54 000 € (donc 6 000 € par an pendant 9 ans). Si vous avez choisi de louer sur une durée de 6 ans, vous pouvez prolonger la location jusqu'à 9 ans pour en tirer les avantages. En revanche, réduire la durée n'est pas possible. Dans ce cas, le fisc pourrait requalifier votre avantage.

Si vous louez pendant 12 ans, l'avantage fiscal est de 21 % du prix d'achat du bien immobilier. Les 9 premières années, la déduction d'impôt est de 2 %, soit 6 000 € par an (au total, 54 000 €). Les 3 dernières années, la déduction passe à 1 % (3 000 € par an). Nous obtenons donc un total de déductions d'impôt pouvant atteindre 63 000 € sur 12 ans.

Concernant les niches fiscales, la loi Pinel est plafonnée à 10 000 € par an. Pour un logement acheté à 200 000 €, vous pouvez déduire 4 000 € par an ; il reste ainsi 6 000 € pour profiter d'autres déductions fiscales.

Les conditions de la loi Pinel :

Si vous achetez un ou deux logement(s), il faut qu'il(s) soi(en)t neuf(s). Les logements neufs sont vendus sous le système de TVA immobilière imposée à 20 %. Certains logements anciens rénovés à neuf peuvent être de nouveau vendus sous la TVA immobilière. L'ancien, lui, est soumis au droit de mutation à 5,80 %.

Louer est obligatoire pour profiter de cette loi. Il vous faut mettre votre bien immobilier en location à titre de résidence principale du locataire, pendant 6, 9 ou 12 ans. Vous avez un délai de 1 an maximum à partir de l'achat et de l'engagement pour trouver un locataire, sinon vous devrez rembourser le fisc.

La location meublée est incompatible avec la loi Pinel, car celle-ci se place sous le régime fiscal des locations vides ou celui des revenus fonciers. Vous signez un bail de 3 ans avec le locataire.

Concernant le locataire, vous devez le louer à des personnes ne dépassant pas un certain plafond de ressources (plus de 80 % des Français y correspondent).

La location pour la famille est éligible à la loi Pinel, à condition que le locataire soit détaché du foyer fiscal et qu'il satisfasse aux conditions de ressources décrites précédemment.

Les loyers sont plafonnés, en loi Pinel. Toujours pour en bénéficier, le loyer de votre logement doit être inférieur de 10 % à 20 % aux loyers du marché libre. Cette perte est compensée par la déduction d'impôt. En général, dans certaines villes, les loyers libres sont très proches des plafonds de loyer Pinel.

La période de départ de la défiscalisation Pinel est la date d'achèvement des travaux. L'avantage fiscal s'applique pour l'année d'après : si les travaux se terminent en 2020, l'avantage commence sur la déclaration de 2021. Si le logement est acquis une fois livré, la date d'achat est prise en compte.

Les investissements en Pinel ne sont autorisés que dans les secteurs où l'offre locative est inférieure à la demande, là où trouver un logement est plus difficile. Les villes de moins de 250 000 habitants sont exclues de cette défiscalisation, à présent[37].

---

[37] Voir QR code : Investir dans le neuf avec la défiscalisation Pinel.

Conseil : en agence, nous avons vu trop de clients ayant fait une défiscalisation qui pensaient avoir fait une bonne affaire. Or, dans la majorité des cas, la défiscalisation faite est mauvaise, car le prix d'achat du bien neuf est beaucoup trop élevé par rapport au prix de revente, revente qui a lieu des années plus tard. Pensez bien à acheter un bien sur le prix du marché et non trop cher, sinon, ce que vous gagnez en défiscalisation, vous le perdrez lors de la revente.

Chapitre 3
Loi Denormandie

L'investissement dans les biens immobiliers locatifs anciens est aussi soumis à des dispositifs d'avantages fiscaux. La plus connue est la loi Denormandie. Grâce à cette loi, vous pouvez avoir une réduction d'impôt sur le revenu. Cette loi est éligible quand il y a la rénovation d'un bien immobilier ancien. La rénovation énergétique est l'une des conditions phares, mais dorénavant, les travaux de modernisation ou d'assainissement sont aussi possibles. Le dispositif est étendu jusqu'au 31 décembre 2022.

La France a lancé cette loi pour se battre contre les logements insalubres. Cette loi est disponible dans certaines zones, principalement dans les communes bénéficiaires du plan national «Action cœur de ville». Ce programme a été lancé en 2018, ce qui permet de redynamiser plus de 222 villes moyennes et, plus précisément, leur centre-ville. Elle est aussi applicable dans les villes ayant conclu une convention d'opération de revitalisation de territoire (ORT). Sur le site du service public, il existe un simulateur pouvant révéler la mise à disposition de cette loi dans votre ville, ou non.

Les conditions pour bénéficier de cette loi sont : acheter un bien à rénover dans une des villes labellisées « Cœur de ville », entre le 1er janvier 2019 et le 31 décembre 2022. Il vous faut y accomplir des travaux représentant au moins 25 % du prix du logement acheté, proposer votre logement en location nue (non meublée) sur une période de 6, 9 ou 12 ans, louer votre logement à un prix raisonnable, à des ménages ne dépassant pas un certain plafond de ressources, en respectant également un plafond de loyers (ce sont les mêmes que ceux de la loi Pinel).

Concernant les travaux à réaliser, ils peuvent être l'affermissement des performances énergétiques de l'habitation, mais aussi sa modernisation, son assainissement ou bien encore l'aménagement de ses surfaces habitables (d'un sous-sol, des combles). La création d'une nouvelle surface habitable est aussi recevable pour bénéficier de cette réduction d'impôt Denormandie. À noter que les travaux d'amélioration de la performance énergétique du logement doivent être faits par un professionnel certifié Reconnu garant pour l'environnement (RGE).

L'avantage fiscal est calculé sur le prix de revient net du logement, il comprend donc l'ensemble des sommes débloquées pour acheter le bien et les travaux de rénovation. Selon la durée de location, l'avantage fiscal est différent. En effet, plus vous louez longtemps, plus vous aurez des avantages fiscaux. Si vous louez votre bien pendant 6 ans, vous avez une réduction d'impôt de l'ordre de 12 % du prix du bien. Si vous louez votre bien pendant 9 ans, vous avez une réduction d'impôt de 18 % du prix. Si vous louez votre bien pendant 12 ans, vous avez une réduction d'impôt qui peut atteindre 21 %.

Un exemple : vous achetez un bien à une valeur de 100 000 € ; nous y ajoutons les frais de travaux d'une valeur de 25 000 €. Le prix de revient du logement est donc de 125 000 €. En louant sur une période de 12 ans, vous pouvez bénéficier d'un avantage fiscal de 26 250 €, ce qui fait 2 187,50 € par an, déduit de vos impôts sur le revenu.

L'application de la loi Denormandie est plafonnée à 300 000 € ; si le bien immobilier est plus cher, la somme au-dessus ne sera pas prise en compte pour la déduction d'impôt[38].

Avis : en général, si vous payez plus de 3 000 € d'impôts, il est intéressant de défiscaliser.

---

[38]Voir QR code : Rénovation dans l'ancien : Tout savoir sur la réduction d'impôt Denormandie.

Chapitre 4
Déficit foncier

Quand un particulier achète un bien immobilier et y entame des travaux de rénovation pour y entreprendre une location, il peut avoir un avantage fiscal sur ses revenus fonciers à hauteur des travaux de rénovation engagés dans le logement. L'excédent du déficit foncier constaté peut bénéficier d'un report sur les futurs revenus fonciers, pendant 10 ans. La défiscalisation peut être très importante, car en France, les revenus fonciers sont particulièrement taxés. Ce dispositif permet d'avoir une déduction d'impôt jusqu'à 10 700 € par an sur le revenu global, hors intérêts d'emprunt. En revanche, si le déficit foncier est supérieur à 10 700 €, il peut être reporté sur les 10 années suivantes, sur les revenus fonciers.

La création d'un déficit foncier permet d'avoir un avantage fiscal de déduction d'impôt sur le revenu, il se circonscrit en dehors du plafonnement global des niches fiscales. Pour une personne cherchant à accroître son patrimoine en le valorisant par les travaux et à payer moins d'impôt, l'utilisation de déficit foncier peut être très intéressante.

Toutefois, il existe des conditions.

« L'investisseur doit être soumis au dispositif déclaratif, c'est-à-dire au régime réel d'imposition ; par ailleurs, ce dernier doit mettre en location le bien immobilier dès la fin des travaux ou, à défaut, justifier avoir tout mis en œuvre pour le faire ; et enfin l'engagement locatif, puisque le logement réhabilité doit être mis en location jusqu'à la fin de la 3ᵉ année d'attribution du déficit foncier sur le revenu global ; il est aussi possible de bénéficier d'une subvention de l'Anah par un contrat sur une mise en location dans le secteur intermédiaire social ou très social. Dans ce cas de figure, la détention du bien sera de 9 années en cas de travaux subventionnés par l'Anah[39]. »

---

[39] QR code : Déficit foncier.

Chapitre 5
Location meublée (LMNP/LMP)

L'investissement dans un bien immobilier locatif meublé professionnel (LMP) et non professionnel (LMNP) vous permettra de profiter d'avantages fiscaux intéressants tels que des revenus complémentaires nets d'impôts. Le bien doit être ancien et destiné à la location meublée.

Pour une résidence de services, le bail commercial est établi entre le bailleur et le locataire pour une durée de 9 ans, ce qui garantit une rentrée de loyer (même en cas d'absence du locataire).

Pour la location meublée isolée, le bail civil est signé entre le bailleur et le locataire pour une durée de 12 mois reconductible (9 mois pour les étudiants) ; le loyer peut être retouché à chaque nouveau bail.

En ce qui concerne le lieu du bien, vous êtes libre de choisir l'emplacement en fonction de vos propres critères.

Le déficit foncier en statut LMP est déductible sur les revenus totaux de l'investisseur, lorsque les charges de propriété se révèlent plus grandes que les loyers perçus. Pour le statut LMNP, les charges de propriété des profits locatifs peuvent être déduites, en plus des amortissements.

Les deux statuts (LMP et LMNP) permettent de défiscaliser ses revenus locatifs par l'amortissement des murs et du mobilier sur le bénéfice d'exploitation. Si vous appliquez le régime LMP plus de 5 ans, vous serez exonéré de la plus-value sur le bien immobilier. Sous le régime LMNP, l'exonération se réalise sur le régime général. Ces dispositifs ne sont bloqués par aucun plafonnement de loyers ou de ressources des locataires.

Concernant les conditions, tout contribuable résidant en France peut profiter de ces deux dispositifs et le logement acquis peut se trouver dans une résidence de services ou tout aussi bien être seul.

Il faut aussi souscrire à certaines obligations : les revenus locatifs devront être déclarés en Bénéfices industriels et commerciaux. En ce qui concerne le LMP, l'investisseur doit s'inscrire au RCS (Registre du Commerce et des Sociétés), les loyers doivent être supérieurs à 23 000 € par an et dépasser 50 % du revenu global imposable. S'agissant du LMNP, aucune inscription au RCS n'est demandée, mais les recettes locatives doivent être inférieures à 23 000 € et ne pas dépasser 50 % du revenu global imposable[40].

---

[40] QR code : Se constituer un patrimoine immobilier non imposable grâce au LMP/LMNP Ancien.

Conseil : pour un bien immobilier loué meublé, le loyer peut connaître une augmentation d'environ 10 % – 15 %. Sur le long terme, cela semble intéressant.

Chapitre 6
Dispositif Censi-Bouvard

La loi Censi-Bouvard est valable jusqu'au 31 décembre 2021. Le but de ce dispositif est « d'inciter les investisseurs à placer leur argent dans les résidences-services étudiantes, les résidences-services affaires ou destinées aux personnes âgées[41]. » Celui-ci permet à l'investisseur d'avoir une réduction d'impôt sur le revenu dans de la location meublée non professionnelle (LMNP). La location doit durer au moins 9 ans et le locataire doit avoir un statut d'exploitant, une fonction de gestionnaire de résidence qui fournit des services parahôteliers. Ce dispositif est éligible quand vous investissez dans une résidence avec services étudiante et senior.

---

[41] Voir QR code ci-dessous : Dispositif fiscal Censi-Bouvard.

Ce dispositif est censé permettre de se créer un patrimoine immobilier à des conditions avantageuses tout en accédant à une diminution d'impôts et à la formation d'un revenu supplémentaire durant plusieurs années.

Ce dispositif garde les avantages du LMNP classique. Il offre aussi ses propres avantages : une réduction d'impôt égale à 11 % (hors taxes) du prix de revient de l'acquisition immobilière (frais de notaire et de dossier inclus) ; une récupération sur le montant de la TVA du prix du bien neuf (soit 20 %), à condition de garder le logement pendant 20 ans ; être assuré de signer un bail reconductible d'une durée de 9 ans au moins ; la possibilité d'acheter plusieurs biens immobiliers chaque année, jusqu'à 300 000 € HT (en cas de dépassement, celui-ci ne sera pas pris en compte dans le calcul de la réduction d'impôts) ; l'avantage de cumuler le dispositif Censi-Bouvard avec un autre, que ce soit sous loi Pinel ou LMNP Amortissement (mais toujours circonscrit à 300 000 € HT/an). Pour précision, si la réduction d'impôt dépasse le montant de l'impôt à payer, le solde peut être reporté pendant 6 ans.

Cet investissement est sous le plafond des niches fiscales de 10 000 € [42].

---

[42] Ibid.

Conseil : pour meubler un bien immobilier tout en minimisant les frais, vous pouvez vous tourner vers les meubles et accessoires reconditionnés ou d'occasion. Attention toutefois à l'état de ceux-ci.

Chapitre 7
Loi Malraux

La loi Malraux est la loi qui a le meilleur taux de réduction d'impôt. En effet, en 1962, la France voulait protéger et conserver son patrimoine historique. De fait, l'objectif de cette loi n° 62-903 était de réaménager les centres-villes et de développer les zones commerciales, de bureaux et de services. Question chiffres, les biens en centre-ville ont un plafond de 400 000 € du montant de travaux investis, pour une durée de 4 ans consécutifs. Le calcul de la déduction d'impôt est en fonction du montant des restaurations effectuées. Il peut grimper jusqu'à 30 % du prix du bien si celui-ci est localisé sur un Site Patrimonial Remarquable ou en secteur sauvegardé. Si le programme de restauration est déclaré d'utilité publique, on peut bénéficier d'une réduction d'impôts de 22 %.

Les biens concernés par la loi Malraux sont les investissements immobiliers liés à la « restauration et à la réhabilitation d'immeubles anciens couverts par un plan de sauvegarde et de mise en valeur (PSMV), un plan de valorisation de l'architecture et du patrimoine (PVAP), pour lequel la restauration a été déclarée d'utilité publique ou est située dans un secteur d'habitat ancien dégradé[43]. »

La location se fera nue, pour le cas d'une résidence principale du locataire, et une durée d'au moins 9 ans, dans l'année qui suit la fin des travaux.

Pour avoir droit à 30 % de réduction d'impôts sur les travaux de restauration de l'immeuble, il faut que l'endroit : soit sur un site patrimonial remarquable sous le PSMV ; se trouve dans un quartier ancien dégradé (QAD) ; entre dans le cadre du Nouveau programme national de renouvellement urbain (NPNRU) avec les quartiers qui présentent une grande concentration d'habitations anciennes et dégradées. Ce sont les anciens « secteurs sauvegardés ».

Pour avoir une réduction d'impôt de 22 % sur le montant des travaux de restauration effectués dessus, l'immeuble doit être situé sur un Site patrimonial remarquable avec le Plan de valorisation de l'architecture et du patrimoine (PVAP) ou en-

---

[43] QR code : Liste des avantages du dispositif Loi Malraux.

core dont le programme de restauration a été reconnu d'utilité publique. La même réduction s'applique sur certains projets réalisés avant 2010, quand ils faisaient partie des anciens secteurs sauvegardés et anciennes Zones de protection du patrimoine architectural urbain et paysager (ZPPAUP) ou des Aires de mise en valeur de l'architecture et du patrimoine (AVAP).

À son bénéfice maximum, la loi Malraux permet d'avoir une déduction fiscale pouvant atteindre 30 % sur les travaux de restauration, à condition que le bien se trouve sur une zone spécifique. Ces zones sauvegardées sont « des secteurs "présentant un caractère historique, esthétique ou de nature à justifier la conservation, la restauration et la mise en valeur de tout ou partie d'un ensemble d'immeubles[44]" ». Ce bien doit être loué au minimum 9 ans pour profiter de l'avantage fiscal ; sont exclues les locations aux ascendants et aux descendants. Par contre, il n'existe pas de plafonnement de loyer dans ce cadre-là. Cette loi est destinée aux personnes voulant un bien avec un cachet et une prestation soignée.

Les dépenses éligibles à cette loi sont : celles d'entretien, de réparation et de restauration financées par le propriétaire, les coûts de gestion de l'immeuble, les frais d'adhésion à des sociétés foncières de restauration comme la Fondation du pa-

---

[44] Ibid.

trimoine, les travaux de modification du bien en logement, etc.

Certaines dépenses ne sont pas prises en compte, c'est-à-dire toutes celles qui modifient l'aspect ou la structure du bâtiment que les associations du patrimoine souhaitent garder, ou qui ne respectent pas le style architectural originel du bâtiment.

Pour procéder à cette défiscalisation, il faut, avant de débuter les travaux de restauration, avoir un agrément spécial de travaux, accordé par le préfet après consultation et suivi par l'architecte des Bâtiments de France.

Chapitre 8
Monuments historiques

Depuis 1913, il existe une loi qui permet la défiscalisation pour intervention (restauration, entretien...) sur les Monuments historiques. De ce fait, la France peut et a la volonté de faire la sauvegarde d'une grande partie de son patrimoine. Cette loi est surtout à destination des personnes aisées. En effet, elle permet de se constituer un patrimoine exceptionnel à des opportunités optimisées, d'avoir une protection familiale via l'assurance du prêt et de préparer sa retraite grâce aux revenus générés.

Cela devient explicite quand on en énumère les atouts : tous travaux, mais aussi les intérêts d'emprunts liés aux prêts, sont déductibles à 100 % des revenus d'imposition ; le déficit généré est déductible du revenu global (sans limites, puisqu'il n'entre pas dans le calcul du plafonnement des niches fiscales) ; sur une période de 1 à 3 ans, si elle correspond à la durée des travaux, possibilité de faire une grande économie d'impôts ; enfin, elle se répercute sur la tranche marginale d'imposition pour le contribuable qui doit affronter un revenu exceptionnel.

Prenons un exemple : si vous investissez 300 000 € sur un Monument historique, avec un achat à 100 000 € et un montant de 200 000 € de travaux réalisés sur 3 ans : grâce au dispositif, vous pouvez réduire votre impôt à hauteur de 83 072 € sur 3 ans !

Il existe des conditions. Bien entendu, le type de logement éligible doit être classé Monuments historiques (MH) ou inscrit à l'Inventaire supplémentaire des Monuments historiques (ISMH). Il peut aussi être assujetti à la DRAC (Direction Régionale des Affaires Culturelles) ou à l'ABF (Architecte des Bâtiments de France). Il y a aussi une obligation de location du bien, pendant 3 ans, par le propriétaire, pour un locataire dont les ressources et le loyer ne seront pas plafonnés.

Pour prétendre à profiter de ce dispositif, vous devez garder le bien durant, au minimum, 15 ans. De plus, le bien ne peut être démoli, transformé, vendu, donné ou légué sans un assentiment du ministère de la Culture[45].

---

[45] Qr code : Dispositif fiscal Monuments historiques.

Conseil : attention toutefois, la restauration de Monuments historiques peut demander l'autorisation d'un Architecte des Bâtiments de France. C'est un architecte qui travaille au sein des services de l'État, en encadrement supérieur appartenant au corps des Architectes et urbanistes de l'État.

Épilogue

Pour récapituler, voici les 9 raisons pour lesquelles il est intéressant d'investir dans l'immobilier.

Il est important d'avoir un endroit où se loger ; en effet, au même titre que de s'alimenter, s'habiller ou même dormir, avoir un endroit où dormir demeure primordial. Il s'agit d'un besoin essentiel. Avoir un toit pousse le domaine de l'immobilier à être un secteur qui sera toujours en demande. Plusieurs facteurs sont à prendre en compte lors de l'analyse et de la prise de décision, tels que le développement urbain, les tendances du marché, le vieillissement de la population, l'économie, etc. Ayez toujours en tête que la localisation de vos investissements restera toujours un point important dans leur succès. Souvent, s'agissant des immeubles mal localisés, les charges de copropriété sont très élevées. Cela peut vous coûter cher, sur la durée. Bien entendu, il reste des exceptions. Si le taux de rentabilité est très élevé, cela peut être intéressant. Tout dépend de vos envies et de votre budget.

La seconde raison est l'effet levier. C'est un terme souvent utilisé dans le domaine de l'investissement. Cet effet permet d'avoir des actifs avec peu, voire aucune liquidité. Le principe reste simple et très marquant si vous empruntez 100 % des fonds. Voici un exemple : vous achetez un bien immobilier à 100 000 €, avec un apport de 10 000 €. Vous avez un prêt bancaire de 600 € par mois, la location vous permet d'avoir 700 € par mois, vous gagnez ainsi 100 € par mois, ce qui se nomme le *cash-flow*. Et, bien évidemment, vous avez un effet levier, car le taux de rentabilité du bien est supérieur au crédit acquis. Ainsi, vous avez un bien sans avoir à dépenser de l'argent, et en plus de cela, vous en gagnez un peu. De plus, aujourd'hui, il est possible de faire des emprunts à 110 %. Cela permet de faire un emprunt qui prend en charge 100 % des fonds de l'investissement. Pour ce type d'emprunt, la banque est très réticente.

Troisième raison : l'immobilier a toujours traversé le temps. Regardez autour de vous, via les médias. Les plus grandes fortunes ont toujours un patrimoine immobilier, cela fait partie du pilier de l'investissement. Le marché de l'immobilier demeure relativement stable dans le temps. En achetant un bien au bon prix, vous pouvez supporter certaines crises, voire, par la suite, dégager une plus-value. Tout ce qui monte redescendra un jour, pour remonter de nouveau. Tout est une question de cycle.

La quatrième raison : les *flips*. Cela peut vous permettre de remplacer votre emploi. Qu'est-ce qu'un *flip* ? Dans l'immobilier, cela définit une aubaine d'achat : le principe est d'acheter un bien et de le revendre à profit, ce qui permet de générer plus rapidement des liquidités, en comparaison à l'achat d'immeubles locatifs. Cela permet d'avoir une transition plus rapide vers l'immobilier. Par contre, la patience en est la clef.

Les trois rendements combinés constituent la cinquième raison. Les *flips* génèrent des liquidités rapidement et l'investissement locatif permet de générer des flux de trésorerie récurrents encaissés mensuellement. Le troisième rendement s'inscrit dans la plus-value dégagée lors de la vente, qui peut rester très intéressante. Pour résumer cela, il y a le surplus de trésorerie, la capitalisation des prêts et la plus-value.

Sixième raison : la préparation de la retraite. En général, les gens préparent leur retraite sans y prendre d'intérêt, ou au pire ne la planifient pas. Avoir une bonne retraite uniquement grâce à son travail salarié est très rare. L'investissement immobilier vous permettra de préparer votre retraite et, de plus, d'assurer un bel héritage à vos proches.

La septième raison est la possibilité d'investir en groupe. Si vous avez un petit budget ou que vous souhaitez investir à plusieurs, cela est tout à fait possible par le biais des SCI, les indivisions, etc. Par contre, essayez tout de même de bien être sur la même longueur d'onde pour éviter les conflits.

Épilogue

La huitième raison est constituée par la passion que procure l'immobilier. En effet, souvent, lors d'investissements immobiliers, certaines personnes peuvent rénover elles-mêmes les biens immobiliers, ce qui peut créer une passion dans ce domaine. Le fait d'investir en tant que tel se révèle passionnant, également. Vous êtes votre propre patron, vous avez une très grande liberté, vous rencontrez les vendeurs, les locataires, vous visitez les biens, cela peut vite devenir une passion pour certains.

Notre dernière raison est le contrôle de l'investissement. Mettez-vous en tête que l'immobilier est tangible, grâce à la liberté de prise de décision, le prix d'achat, le secteur du bien, la personne qui gérera l'immeuble, vos futurs locataires, le prix du loyer... Tous ces facteurs vous permettent un contrôle total de votre investissement.

Dites-vous bien qu'un investissement immobilier dans un bon secteur, avec une forte rentabilité (supérieure à 7 %) ainsi que la bonne santé de l'immeuble et de la copropriété, est un investissement réussi !

Bien entendu, vous pouvez jouer sur tous les facteurs pour avoir une rentabilité plus élevée[46].

Ce livre est destiné à tout public, que ce soit un particulier qui voudrait investir ou avoir une base dans l'immobilier, comme un professionnel de l'immobilier, qui voudrait consolider ses connaissances. Je suis diplômé dans le domaine de l'immobilier, je travaille en tant qu'agent et ce livre se base sur les grands axes de l'investissement immobilier. Il peut aider un particulier qui ferait toutes les démarches pour acquérir, sans l'aide de professionnels de l'immobilier.

En revanche, vous pouvez faire appel aux professionnels de l'immobilier pour toute étape de votre projet immobilier. La pierre reste un domaine très intéressant et assez sécurisé. Vous pouvez investir, via des prêts immobiliers, facilement. Tout de même, l'immobilier reste un domaine très vaste avec la survenue de nouvelles lois chaque année. Ce livre a été écrit en 2020, les lois

---

[46] QR code : 9 raisons pour lesquelles vous devriez investir en immobilier.

peuvent évoluer, à vous d'essayer de rester connecté à l'actualité immobilière. J'espère que ce livre a pu vous aider et consolider vos connaissances.

Glossaire des lois et sigles

PTZ : Prêt à Taux Zéro

SCPI : Société Civile de Placement Immobilier

Dispositif Pinel : cf. p. 137

IRL : Indice de Référence des Loyers

PAP : site Internet d'annonces immobilières, de Particulier à Particulier

IPPD : Inscription de Privilège Prêteur de Deniers, type de garantie de prêt immobilier

CEL : Compte Épargne Logement

PEL : Plan d'Épargne Logement

HC : Hors Charges

RCS : Registre du Commerce et des Sociétés

Visale : dispositif du groupe Action logement, qui favorise l'accès au logement

Loca-Pass : avance destinée à financer un dépôt de garantie pour le locataire, par Action logement

Prêt action logement : prêt pour financer un projet d'acquisition ou de construction, à faible taux d'intérêt

FASTT : Fonds d'Action Sociale du Travail Temporaire

ALUR : Accès au Logement et Urbanisme Rénové

ILAT : Indice des Loyers des Activités Tertiaires

ILC : Indice des Loyers Commerciaux

Glossaire

ERNMT : État des Risques Naturels, Miniers et Technologiques

ANIL : Agence Nationale pour l'Information sur le Logement

APL : Aide Personnalisée au Logement

ALF : Allocation de Logement Familiale

ALS : Allocation de Logement Sociale

AEEH : Allocation d'Éducation de l'Enfant Handicapé

MSA : Mutualité Sociale Agricole

ICC : Indice du Coût de la Construction

Denormandie : cf. p. 143

LMNP : Location Meublée Non Professionnelle

LMP : Location Meublée Professionnelle

Loi Censi-Bouvard : cf. p. 153

ORT : Opération de Revitalisation du Territoire

RGE : Reconnu Garant de l'Environnement

Anah : Agence Nationale de l'Habitat

PSMV : Plan de Sauvegarde et de Mise en Valeur

PVAP : Plan de Valorisation de l'Architecture et du Patrimoine

QAD : Quartier Ancien Dégradé

NPNRU : Nouveau Programme National de Renouvellement Urbain

ZPPAUP : Zone de Protection du Patrimoine Architectural, Urbain et Paysager

AVAP : Aire de mise en Valeur de l'Architecture et du Patrimoine

ISMH : Inventaire Supplémentaire des Monuments Historiques

ABF : Architecte des Bâtiments de France

Déficit foncier : part de charges supérieure aux revenus fonciers

Monuments historiques : immeuble ayant un statut juridique destiné à le protéger

RNL : rentabilité nette locative

Webographie

https://www.service-public.fr/particuliers/vosdroits

www.anil.org/pret-1-logement/

https://www.actionlogement.fr/

https://www.orpi.com/lexique-immobilier/c/coproprietaire

https://www.lafinancepourtous.com/outils/calculateurs/calculateur-de-credit-immobilier/

https://www.pretto.fr/pret-immobilier/conseils/plan-de-financement-immobilier/

https://www.logisneuf.com/definition-taux-effort.html

https://immobilier.lefigaro.fr/annonces/edito/acheter/je-me-prepare/comment-calculer-le-rendement-de-son-investissement-locatif

https://edito.seloger.com/actualites/villes/rentree-2020-top-10-villes-plus-rentables-investir-l-immobilier-article-38986.html

https://www.homunity.com/fr/blog/investissement/investissement-immobilier-quelle-forme-juridique-choisir

Webographie

https://www.pab-patrimoine.fr/quel-regime-fiscal-choisir-investissement-locatif/

https://www.e-gerance.fr/choisir-bon-locataire/

https://www.visale.fr/faq/le-bailleur-peut-il-cumuler-visale-avec-une-autre-garantie/

https://blog.garantme.fr/fr/bail-de-location-tout-savoir

https://www.legifrance.gouv.fr/

https://www.pap.fr/locataire/vide-meuble-colocation/la-colocation/a1267

https://www.legalstart.fr/fiches-pratiques/immobilier-patrimoine/bail-commercial/

https://www.anil.org/votre-projet/vous-etes-locataire/location-vide/etat-des-lieux/

https://immobilier.lefigaro.fr/annonces/edito/louer/je-prepare-mon-dossier/etablir-etat-des-lieux

https://www.previssima.fr/question-pratique/quelles-sont-les-aides-au-logement.html

https://www.smartloc.fr/blog/regularisation-des-charges-locatives-mode-demploi/

https://www.immobilierloyer.com/location/revision-loyer/

https://www.latribune.fr/supplement/tout-savoir-sur-la-defiscalisation-immobiliere-810016.html

https://www.pap.fr/bailleur/choisir-investissement/investir-dans-le-neuf-avec-la-defiscalisation-pinel/a17122

https://www.economie.gouv.fr/particuliers/reduction-impot-denormandie

https://www.defiscalisation-impot.com/produit/deficit-foncier/

https://www.sphere-immo.com/location-meublee/lmnp-ancien/LM

https://www.iselection.com/b2c/fiscalites/dispositif-censi-bouvard/

https://www.sphere-immo.com/loi-malraux/

https://www.iselection.com/b2c/fiscalites/loi-monuments-historiques/

TABLE

Préambule 7

PREMIÈRE PARTIE :
L'investissement dans une résidence principale 11

Chapitre 1
Qu'est-ce qu'une résidence principale ? 13

Chapitre 2
Pourquoi investir dans une résidence principale ? 15

Chapitre 3
Sur quel critère faisons-nous le choix de la résidence principale ? 21

Chapitre 4
Location d'une partie de la résidence principale 25

DEUXIÈME PARTIE :31
L'investissement locatif 31

Chapitre 1
Qu'est-ce que l'investissement locatif ? 33

Chapitre 2
Pourquoi faire un investissement locatif ? 37

Chapitre 3
L'investissement locatif dans un bien en copropriété 43

Chapitre 4
Investissement locatif dans un bien non soumis à la copropriété 49

Chapitre 5
Plan de financement de l'acquisition 55

Chapitre 6
Taux d'effort et taux d'endettement 65

Chapitre 7
Rentabilité locative et rendement locatif 69

Chapitre 8
Statut de l'investissement locatif 75

Chapitre 9
Le régime fiscal 79

Chapitre 10
Critère de sélection et pièces justificatives du
locataire 83

Chapitre 11
La caution 89

Chapitre 12
Bail de location 95

Chapitre 13
Bail de colocation 101

Chapitre 14
Bail professionnel 107

Chapitre 15
Bail commercial 111

Chapitre 16
L'état des lieux 115

Chapitre 17
Les allocations logement 119

Chapitre 18
Régularisation des charges 123

Chapitre 19
Révision du loyer 127

TROISIÈME PARTIE :
La défiscalisation 133

Chapitre 1
Qu'est-ce que la défiscalisation ? 135

Chapitre 2
Loi Pinel 137

Chapitre 3
Loi Denormandie 143

Chapitre 4
Déficit foncier 147

Chapitre 5
Location meublée (LMNP/LMP) 149

Chapitre 6
Dispositif Censi-Bouvard 153

Chapitre 7
Loi Malraux 157

Chapitre 8
Monuments historiques 161

Épilogue 165
Glossaire des lois et sigles 171
Webographie 175

L'Édredon

La revue littéraire de JDH Éditions

Venez découvrir les textes de la revue

Suivez **JDH Éditions** sur les réseaux sociaux pour en savoir plus sur les auteurs, les nouveautés, les projets…

Inscrivez-vous à notre Newsletter sur
www.jdheditions.fr
Pour recevoir l'actualité de nos nouvelles parutions